홀리첸의
학습(學習)으로 나누고 싶은

홀리첸의
학습(學習)으로 나누고 싶은

富
부

홀리첸 · 장세민 공저
이승미 번역

아름다운사회

Contents

제2부 영혼의 깨달음 141

제1부

무한한 가능성에 도전하라

無限可能的思想

상상은 무한한 가능성을 제시한다
夢想有無限可能

당신이 어떤 환경에서 성장했는지는 별로 중요한 것이 아니다. 중요한 것은 당신의 생각, 목표 그리고 가치관이다. 미국의 35 대 대통령이었던 케네디는 "생명에는 사망이 있고, 국가에는 흥망이 있습니다. 그러나 강한 신념은 영원합니다. 거액의 재물로는 강한 신념을 살 수 없지만, 강한 신념으로는 거액의 재물을 살 수 있습니다."라고 했다.

나는 대만의 외지고 가난한 작은 섬, 서영도에서 성장했다.
내 기억으로 그 시대 할머니들의 일생은 세 가지 일 뿐이었다.
'여기에서 태어나서, 여기서 자라서, 여기서 죽다!'
출생에서 죽음에 이르기까지 일생동안 단 한 번도 서영도를 벗어나지 못했던 그들은 바깥세상에 대해서 전혀 몰랐다.

내 어린 날의 몽상과 꿈
난 어릴 적부터 꿈과 상상이 많았고, 무엇보다 내 삶을 서영도에서 마치고 싶지 않았다. '만 권의 책을 읽고, 만 리의 길을 가라'는 말을 마음에 새기며, 항상 기도하는 마음으로 살았다.

언젠가는 반드시 서영도를 벗어나, 대만을 비롯한 바깥세계를 두루 살피고 싶었다. 나 스스로의 노력으로 사회에 진출하고, 적응하고, 성공하고 싶었다. 그리고 성공한 모습으로 고향에 돌아오고 싶었다.

학교 수업 시간에도 의자에 앉아 '만약 아버지가 돌아가시지 않았다면 얼마나 좋았을까…….'라는 상상을 가장 많이 했다.

아버지는 내가 어머니 뱃속에 있을 때 돌아가셨다. 마도로스였던 아버지가 배를 타고 대륙으로 나가셨던 어느 날, 항해도중 풍랑을 만나 아버지의 시신은 불행히도 바다 밑에 묻히고 말았다. 하지만 내 상상 속에서 아버지는 늘 살아계셨다. 큰 폭풍을 만나 미국에 표류해 그 곳에서 백만장자가 되어, 고급 승용차를 타고 나를 데리러 오셨다.

상상 속의 아버지는 내게 이렇게 말씀하셨다.

"애야. 지금 아빠는 돈이 정말 많단다. 네 엄마와 네가 원하는 것은 뭐든지 살 수 있고, 우리 가족은 이제 세상 사람들 눈치 보며 살지 않아도 돼. 그리고 더 이상 사람들에게 비웃음 당하지 않아도 된단다."

내가 좀 더 컸을 때 난 나무 아래에 앉아 작은 새들의 지저귐을 들으며 상상하기를 좋아했다. '만약 내가 저 새들과 얘기할 수 있다면 얼마나 좋을까? 새들이 금은보석이 가득한 섬을 내게 가르쳐줘서 내가 그 섬으로 갈 수 있다면, 그래서 그곳의 수많은 금은보석을 가져와 어머니에게 좋은 음식, 좋은 옷을 해드리면 얼마나 좋을까?

나는 늘 이런 상상 속에서 살았다. 나는 딸로 태어났지만 항상 '언젠가는 반드시 돈을 많이 벌어서 어머니를 행복하게 해드려야지!' 라고 생각했다.

매일 돈 있는 사람들을 부러워하다

꼭 꿈을 이루리라고 결심하면서 책에 몰두하게 됐다.

'모든 것은 다 하찮은 것이고 오직 독서만이 고상한 것이다!'

'책 속에는 옥과 같은 얼굴이 있으며, 황금과 같은 방이 있다!'

나는 이런 말을 항상 되새기며 오직 책 속에서 내 꿈의 열쇠를 찾으려 했다.

당시 나는 좋은 학벌, 좋은 직장, 좋은 보수가 우리 가족에게 풍족한 환경과 행복한 생활을 보장해 줄 것이라고 굳게 믿고 있었다.

이 모든 생각들이 어린시절의 꿈에 지나지 않았다는 것을 알게 된 것은 타이베이 사범대를 졸업한 후였다. 나는 대학을 졸업하고 바로 교편을 잡았지만, 11년간의 교직 생활동안 우리 가족은 여유로운 환경과 안정된 생활을 즐기기는 커녕 날이 갈수록 궁핍한 환경과 고통스런 생활 속에 허덕이고 있었다.

초등학교 교사의 월급은 기본적인 생활을 영위하기에 턱없이 부족했다. 연이어 낳은 세 아이 양육비와 주택 임대료를 지불하고 나면 남는 것은 아무것도 없었다. 항상 돈 걱정에 시달리고, 허리띠를 졸라매며 하루하루를 버티는 날의 연속이었다.

그 때까지 나는 이뤄 놓은 것이 아무것도 없었다. 옆에서 고생하시는 어머니를 뵐 때마다 가슴에 응어리는 더 쌓여만 갔다.

어머니 모시고 해외여행 한 번 다녀오지 못했는데, 어머니 머리는 어느새 백발이 됐고 나는 벌써 불혹(不惑)의 나이를 바라보고 있었다. 고급 승용차를 타고 다니는 사람들, 좋은 집에 사는 이들이 부러워 견딜 수가 없었다.

답답할 때마다 나는 근무하던 학교 옥상에 올라 타이베이 시 전경을 내려 보았다. 도시 전체는 빽빽한 집들과 큰 빌딩에 쌓여갔지만, 그 많은 건물들 중에 내 집은 한 채도 없었다. 강을 따라

확 트인 큰 도로에는 많은 차들이 질주해 갔지만, 그 곳에 내 차는 한 대도 없었다. 가슴 속 저 밑에서부터 설움과 한탄이 올라왔다.

하루 저녁의 깨달음으로 삶의 틀을 깨다

나는 호화로운 차와 집을 소유한 이들을 관찰해보기로 했다.

'그들은 머리가 셋이거나 팔이 여섯 개나 달린 외계인이 아닐까? 아니면 보통 사람들에게 없는 초능력을 가진 것은 아닐까?

하지만 그들은 여느 사람들과 똑같았다. 두 개의 팔, 다리, 눈과 귀를 가진 나와 똑같은 사람들이었다.

가슴 속으로 수없는 질문들이 떠올랐다.

'어째서 저들의 삶은 나와 다른 것일까?

'나에게도 꿈이 있었고 희망이 있었다. 하지만 왜 나는 내 꿈과 희망을 실현하지 못한 채 다른 이들을 이렇게 부러워하고 있는 것일까? 정말 이렇게 한평생 저들을 부러워만하면서 살아야 하는 것일까?

그러던 어느 날 우연히 미국의 35대 대통령, 케네디의 연설문을 듣게 되었다.

13

"모든 생명에는 죽음이 있습니다. 국가에도 흥망의 가능성이 늘 존재합니다. 하지만 강한 신념은 영원할 수 있습니다."

이 한 마디는 내게 전율로 다가왔다.

어릴 적 나는 '성공하고 싶다.' 는 신념으로 살았다. 작은 새들의 지저귐에도 귀 기울일 줄 알았고, 항상 책을 벗 삼아 그 신념을 다졌던 아이였다. 그러던 내가 세월이 흘러 나이를 먹으면서 반성하거나 무엇인가를 배우려는 노력을 잊은 채 하루하루 삶에 쫓기며 그리고 현실에 허덕이며 살아가고 있었다. 유년 시절의 아름다운 꿈들은 온데간데없고 타성에 젖어 살아가는 내 모습이 너무 안타까웠다. 그리고 나는 그 현실이 무서웠다.

그제야 나는 내 자신을 위해 무엇을 해야 하는지 깨달았다.

'어린 시절, 작은 새들의 지저귐에 귀 기울였던 것처럼 이제는 성공한 사람들의 강연에 귀 기울여야 한다. 타성에 젖어버린 이 환경들을 바꾸고, 그 속에서 나 자신도 바꾸자!'

이런 깨달음은 바로 실천으로 이어졌다. 성공한 이들의 생각과 신념을 배우기 위해 좋은 강연이 있는 곳이라면 어디든지 찾아가서 그들의 말을 경청했다.

14

생각을 바꾸면 운명이 바뀐다

"많은 재산으로 한 가지 좋은 아이디어를 살 수는 없습니다. 그러나 한 가지 좋은 아이디어로 많은 재산을 만들 수 있으며, 더 중요한 것은 이 한 가지 좋은 아이디어만으로 잠재해 있던 무한한 가능성을 일깨울 수 있습니다."

이 말은 15년 전 나를 큰 깨달음으로 이끈 어느 강사의 말이다.

'생각이 바뀌지 않으면 행동도 바뀌지 않으며, 행동이 바뀌지 않으면 나쁜 습관을 고칠 수 없다. 나쁜 습관을 고치지 못하면, 그 삶도 결코 바뀌지 않는다.'

항상 나 자신에게 이런 생각을 각인시켰다.

우선 나 자신부터 생각을 바꿔서 삶을 바꾸고, 나아가 바뀐 내 모습으로 타인의 삶도 바꾸고 싶었다.

15년 전의 그 강의는 내 생각을 바꾸게 함으로써 기존에 내가 처한 환경에서 벗어나 새로운 환경으로 나아갈 수 있게 만들었다. 좋은 스승과 친구를 찾아다니다 보니 조금씩 긍정적이고 적극적인 사람으로 변하게 됐다. 항상 나를 격려해주는 새로운 환경 속에서 자신의 신념을 다지며 바뀌어가는 나를 발견할 수 있

15

었다. 그리고 다른 사람들에게 새로운 환경을 만들어주는 내 모습을 보게 됐다. 올바른 생각, 확고한 신념, 정확한 목표로 충만한 내 삶은 그 자체로 희망이었고 행복이었다.

언젠가 미국에서 강연을 한 적이 있다. 당시 내 강연을 듣는 이들은 대부분 두 개 이상의 석사 또는 박사 학위를 소유한 중국인들이었다. 그들은 이구동성으로 말했다.

"제가 처음 미국으로 유학 왔을 때, 중국인 중에서는 나름대로 엘리트였습니다. 그러나 미국 생활이 해를 거듭할수록 제가 미국 사회에서 아무리 노력을 해도 영원한 이방인일 뿐이란 생각이 많이 들었습니다. 처음 제가 도미(渡美)할 때의 꿈과 목표는 사라지고, 이제는 미래에 대한 희망마저도 잃어 버렸습니다. 그런데 선생님 강의를 듣고 난 후 저는 다시 인생의 답안지를 찾은 것 같습니다. 잃어버렸던 그 꿈들을 찾았고 미래에 대한 확신도 생겼습니다. 선생님, 언젠가는 이 미국 사회를 움직이는 주류가 될 것을 약속드립니다."

15년 전에 들었던 강의가 내 생각과 인생 전체를 바꿨다. 일무소유(一無所有)에서 모든 것을 가지게 된 대이변(大異變)이 일어난 것이다. 어린시절 항상 꿈꿔왔던 모든 것들을 지금의 나는 모두 할 수 있다. 성공해서 고향으로 돌아가는 것, 어머니를 모시고 세계를 유람하는 것, 어머니 노후를 편하게 모시는 것……. 나는 이 모든 것들을 단순한 꿈에서 현실로 이뤄냈다. 나처럼 지극히 평범하고, 이렇다 할 조건 없는 사람도 생각을 바꾸고 그 생각을 현실로 옮기면 운명은 틀림없이 바뀌는 것이다.

인생에는 성공이라는 꿈이 있어야 한다

'꿈이 있다는 것만으로도 위대한 것이다.'

인생에는 성공이라는 꿈이 있어야 한다. 그리고 그 믿음을 단단하게 굳히고, 현실화하기 위해 부단한 노력을 해야 한다. 노력을 아끼지 않을 때, 우리는 꿈을 이룰 수 있고 미래를 보장받을 수 있다. 3년 후의 당신 모습이 지금보다 훨씬 윤택하고 풍요롭다는 것을 확신한다면, 지금 당신의 인생은 희망으로 가득 찰 것이고 행복은 자연히 뒤따라 올 것이다.

17

긍정적인 생각으로 삶을 바꾼다

可能想法 改變一生

> 지혜로운 사람은 원인을 중요시하고, 어리석은 사람은 결과를 중요시한다. 지혜가 있는 사람은 성공한 이들의 힘든 과정을 본받고, 어리석은 사람은 성공한 이들의 풍요로운 결과를 부러워한다. 긍정적인 사고를 가진 사람은 바로 지혜를 가진 사람들이다. 이런 사람들이야말로 성공을 누릴 수 있다.

누구에게나 과거가 있다. 과거가 없다면 현재도 없고, 현재가 없다면 미래도 없다. 하루 종일 과거를 회상하며, 과거에서 벗어나지 못하는 사람은 어리석은 사람이다. 사람은 현재보다 나은 미래를 확신하며 살아야 한다. 미래를 동경하고, 꿈을 높이 세워라. 그리고 분명한 목표를 가져라. 그러면 적극적인 사고는 자연스레 배양될 것이며, 당신은 전혀 새로운 모습으로 변해 있을 것이다.

19

사고의 전환은 삶의 전환이다

3년 후 자신의 모습이 좀 더 나아지길 원한다면, 지금부터 더 나은 생각을 해야 한다. 현재의 선택이 바로 미래의 삶을 결정하는 것이다.

만약 당신이 현재의 모습에 불만이 있다면, 이것은 3년 전 당신이 선택한 모습의 결과다. 당신이 3년 동안 변화 없이 살아왔음으로, 삶 또한 아무런 변화가 없이 이어진 것이다.

그러므로 3년 후의 당신 모습을 바꾸고 싶다면, 지금부터 사고를 전환하라. 적극적인 사고와 '난 반드시 할 수 있다.' 라는 성공의 확신을 가지고, 당신의 꿈을 현실로 만들어라.

'근주자적 근묵자흑(近朱者赤 近墨者黑)' 이란 고사 성어에서도 알 수 있듯 매일 적극적인 사고를 가진 친구들과 함께 한다면 당신의 사고도 적극적으로 바뀌어 갈 것이다. 반대로 당신이 소극적인 사고를 가진 이들과 친구로 지낸다면 당신 생각도 소극적으로 바뀌어 갈 것이다. 격려해주는 이들과 함께하면 당신도 누군가를 격려해주는 이가 되고, 원망하는 이와 함께 한다면 당신도 습관처럼 모든 일에 누군가를 원망하며 살 것이다.

'현명한 사람은 원인을 중요시하고, 우둔한 사람은 결과를 중요시한다.'

지혜가 있는 사람은 성공한 이들의 힘든 분투과정을 본받고,

20

지혜가 없는 사람은 성공한 이들의 풍요로운 결과만 부러워한다. 만약 어떤 이가 한 달에 이천만 원을 번다면 중요한 것은 이천만 원이라는 그 액수가 아니라, 이천만 원을 벌 수 있는 그의 능력이다. 지혜로운 사람은 이천만 원을 버는 능력을 궁금히 여기며 자신도 그 능력을 배우려 하지만, 우둔한 사람은 그 액수만을 보며 부러워하거나 '나쁜 일을 하지 않고선 큰 돈을 벌 수 없다.'는 망상과 함께 절도, 약탈을 일삼아 결과적으로 이천만 원을 벌 수 없을 뿐만 아니라 자신의 인생마저 망치는 경우를 우리는 종종 신문에서 볼 수 있다.

성공한 사람들을 복제하라

사람들이 성공하지 못하는 이유 중의 하나는 성공한 사람들의 선행과 습관을 배우려 하지 않기 때문이다. 그리고 '성공하고 싶다는 꿈은 단지 하나의 꿈일 뿐, 현실로 실현시키기란 좀처럼 어려운 것'이라고 단정 짓기 때문이다. 당신은 성공하고 싶은가? 그렇다면 성공의 실체만을 보고, 근거 없는 소문에는 귀 기울이지 마라.

성공한 사람을 만나면 '저 사람은 어떤 노력으로 성공했을까? 하는 호기심으로 그를 관찰하라. 부끄러워하지 말고 당신이 궁금한 모든 내용을 질문하고, 그 사람의 열정과 습관 그리고 선행을 배워라.

나는 성공한 사람의 이야기를 들을 때면 바로 그 내용을 적어서 기록으로 남긴다. 특히 그들의 장점을 배우려하고, 그 장점을 내 것으로 만들려고 노력한다.

어떤 이는 간혹 내게 이런 질문을 하기도 한다.

"선생님 같은 분이 다른 이들의 모습을 배우려 모방한다는 것이 부끄럽지는 않습니까?"

하지만 나는 타인의 장점을 배워 내 인생을 성공으로 이끌 수 있다면 그건 결코 부끄러운 일이 아니라, 현명한 일이라고 생각한다. 좋은 것을 보고도 배우려 하지 않고, 평생 장점 하나 없이 살아가는 모습이야 말로 부끄러운 것이다.

성공한 사람들에게는 공통적인 특징이 있다. 호기심이 많고, 배우는 것을 좋아하며, 자신의 직업이나 비즈니스를 소중히 여긴다. 사람들과의 만남을 즐기고, 한 가지 일에 전력을 다해 앞으로 질주한다. 동료끼리 서로 격려하고 도우며, 개인적인 만남도 매우 즐거워한다. 그 외에도 책임감과 사명감이 강하고, 자신만의 성공을 꿈꾸기보다는 본인의 모습이 귀감이 되어 주위의 많은 사람들과 함께 성공하는 것을 더 좋아한다.

원망이나 후회 없이 사업 자체를 즐긴다

지난 날, 내가 사업에 몰두했을 때의 마음을 생각해보면 세 단계로 나눌 수 있다.

첫째, 나는 노력한 만큼 수확하고 싶었다. 성공한 사람은 자신이 좋아하는 일만 하는 것이 아니라, 꼭 해야 하는 소중하고 화급한 일을 먼저 한다.

둘째, 수확보다 노력에 더 큰 비중을 뒀다. 사업자의 마음에서 벗어나 자식 키우는 부모의 심정으로 원망도 후회도 없는 노력과 희생을 사업에 바쳤다.

셋째, 즐거움은 바로 그 과정 속에 있다는 생각을 하기에 이르렀다. 이것은 대체로 성공한 사람들의 가장 높은 마음가짐이라고 할 수 있다.

중국 옛 문헌의 한 구절에 '아는 것은 좋아하는 것만 못하고, 좋아하는 것은 즐기는 것보다 못하다.' 라는 말이 있다. 최후의 승자는 자신의 소중한 일을 즐기는 사람이다.

23

성공한 사람들은 자신의 잘못을 인정하는 것에 용감하고, 항상 배우는 자세로 매사에 임하며, 일에 책임을 지는 것을 두려워하지 않는다. 자신의 인격을 수양하는데 그치지 않고, 사고와 신념을 항상 학습을 통해 넓히고 강화하며, 긍정적인 사고를 기른다.

오늘의 나는 어제의 나보다 좋은 모습이어야 하고, 내일의 나는 오늘의 나보다 훨씬 발전된 모습으로 살아야 한다.

다시 한 번 긍정적인 사고의 중요성을 이야기 하고 싶다.

긍정적인 사고를 하는 사람은 바로 지혜로운 사람이다. 지혜로운 사람만이 훗날 성공의 달콤한 열매를 맛보게 될 것이다.

知之者不如好之者,

好知者不如樂之者

아는 것은 좋아하는 것만 못하고,

좋아하는 것은 즐기는 것만 못하다

성공하려면,
성공한 사람들을 보고 배워야 한다
全方位可能的成功者

성공한 사람은 감성으로 상대방의 마음을 움직이고, 이성(理性)으로 사리를 분석하며, 지성(知性)으로 주위 사람들에게 영향력을 끼친다. 그리고 오성(悟性)으로 인생의 지혜를 깨달으며, 영성(靈性)으로 마음이 경계에 끌림을 주의하고, 인성(人性)으로 잠재능력을 계발한다. 이와 같은 6성을 모두 겸비한 사람만이 진정한 성공자가 될 수 있다.

25

성공하려면 우선 명확한 목표를 세워야 한다. 그런 다음 목표를 향해 앞으로 나아가야 하며, 목표에 몰두하는 과정 속에서 성공의 방법을 찾겠다는 신념을 잃지 말아야 한다. 좌절이나 실패 같은 단어는 머릿속에서 지워버려야 한다.

성공한 사람들의 생각 배우기

성공한 사람들은 무엇보다 목표를 중요하게 여긴다. 목표를 크게 생각하고, 그 과정에서 발생할 문제나 좌절은 가능한 줄인다. 일단 목표가 정해지면 오직 한 목표를 향해 용감하게 앞으로 돌진한다. 문제나 좌절을 깊이 생각해서는 안 된다. 이것은 동서고금을 통틀어 성공한 이들의 공통적인 특징이다.

성공하고 싶다면, 성공한 사람들을 보고 배워야 한다. 그들의 생각을 배워야 하며, 그들의 관념과 가치관을 모두 배워야 한다. 왜냐하면 그들의 그런 생각이 바로 그들을 성공으로 이끌어 준 열쇠이며, 그 성공으로 그들의 인생은 크게 변했기 때문이다.

지금의 생각이 미래의 모습을 결정한다. 당신의 현재 모습은 과거 행위의 결과물이다. 미래 당신의 모습은 현재 당신이 어떻게 하느냐에 달린 것이다. 이 같은 진리를 모르는 어리석은 이는 미래에 대해 절망하고, 현명한 이는 보다 나은 미래를 위해 현재 자신에게 채찍질 한다.

바로 지금부터 시작하자. 지금부터 자신의 결점을 인정하고 고치자. 그리고 성공한 이들의 말을 경청하고, 그들의 모든 장점과 노하우를 자신의 것으로 만들어 정상의 자리에 올라서자.

26

간절한 믿음은 꿈을 현실로 만들어 준다

소견소문(所見所聞) 개변일생(改變一生)

부지불각(不知不覺) 단송일생(斷送一生)

보고 배워 삶을 바꾸지 않으면 자신도 모르는 사이에 삶은 흘러가버린다는 뜻이다.

15년 전, 내게는 '꿈은 반드시 실현된다.'는 믿음이 있었다. 자신의 결점을 끝까지 고치고야 말겠다는 굳은 결심과 내 주어진 운명에 결코 고개 숙이지 않겠다는 오기 그리고 현재의 열악한 환경에서 반드시 벗어나 타인에게 존중받을 수 있는 자리에 오르고 말겠다는 신념! 이 세 가지로 난 지금의 자리에 이르렀다.

나는 과거의 사고와 관념을 완전히 바꿈으로써 오늘날의 성공을 얻을 수 있었다. 그리고 주위 사람들에게도 그 성공을 나눠주고 있다. 지난 날 열악한 상황에서 나 자신만 구제된 것이 아니라 나를 비롯한 모든 가족들도 어려웠던 생활에서 벗어나 윤택한 삶을 보장받게 됐다.

생각의 전환, 관념의 변화만큼이나 중요한 것이 또 하나 있다. 무한한 잠재력을 일깨우는 것이다. 숨겨진 능력을 개발해 나와 타인의 인생에 그 빛을 더 하려는 마음가짐은 한 평생 살아가는 데 있어 가장 고귀한 것이라 할 수 있다. 난 항상 이것을 위해 지

27

금도 달리고 있고, 앞으로도 멈추지 않을 것이다.

성공의 열쇠 – 육성(六性)

성공한 이들의 생각, 관념, 가치관 등 그들만의 특징을 배워야 성공할 수 있다. 성공한 이들의 공통점을 분석해보면 육성(六性)으로 나눌 수 있다. 육성이란 감성(感性), 이성(理性), 지성(知性), 오성(悟性), 영성(靈性), 인성(人性)이다. 이 육성을 모두 갖추었다는 것은 능력이 준비되었음을 뜻하는 것이다. 동시에 자신을 무한한 성공으로 이끌 수 있는 가능성을 지녔다는 뜻이기도 하다.

첫째, 인간관계의 시작은 마음으로– 감성(感性)

한 사업의 목표를 금전에 둔다면 그 사업은 하책(下策)이고, 목표를 기업에 둔다면 중책(中策)이며, 목표를 인재에 둘 때 상책(上策)이라고 할 수 있다.

비즈니스를 막 시작했을 때 대부분의 사람들은 그 비즈니스에 대해 이해나 관심이 상대적으로 적게 마련이다. 이런 상황에서는 이성(理性)으로 그들보다 우월한 위치를 선점하려고 노력하기 이전에 감성으로서 그들의 마음을 먼저 움직여야 성공할 수 있다. 논리적인 설명을 하려하지 말고 먼저 진실한 인간관계를 맺어 서로의 신뢰를 키워나가야 한다. 상대방의 신뢰를 얻은 후 비즈니스를 진행시켜도 늦지 않다. 인재를 얻으려 할 때도 마찬가지다.

둘째, 비즈니스의 기초가 되는 상식- **이성(理性)**

비즈니스를 진행할 때 감성 다음으로 중요한 것이 이성이다. 21세기의 기업시스템과 상품은 모두 과학적인 연구개발 방식을 토대로 한 경영이자 생산이다. 경영과 생산에 대한 개념과 원리를 분명히 가지고 있을 때 논리적 분석이 가능하다. 여기서 원리라는 것은 '원래의 그 이치' 를 말하는 것인데, 가장 근본이 되고 핵심이 되는 뿌리다. 이런 원리에 대해 확실히 이해하고 있을 때 비로소 비즈니스의 세계에서 무한한 설득력을 가지게 된다.

이성적인 사람일수록 기업시스템이나 상품에 대해 심도 깊게 이해한다. 원리를 명확히 이해하고 있고 그 위에 자신감이 더해진다면, 타인의 부정적인 의견에 결코 흔들리지 않는다. 이성적인 사람은 EQ가 높은 사람이기도 하다. 마음이 항상 안정되어 있으며 바람에 쉽게 흔들리지 않는 큰 나무와 같이 평상심을 가

29

진다. 쉽게 포기 하지 않는 정신은 바로 명확한 이해와 평상심을
바탕으로 할 때 가능한 것이다.

셋째, 말에 설득력을 부여하는 학습지식– 지성(知性)

지식을 가진 사람의 발언에는 사람을 움직이게 하는 힘이 있
다. 그것은 바로 설득력이다. 풍부한 지식을 가졌을 때 비로소
문제를 해결할 수 있는 고수(高手)가 된다.

그렇다면 지식은 어디에서 오는 것인가? 지식은 좋은 선생님
그리고 벗들과 함께 하는 꾸준한 학습에서 오는 것이다.

학력, 경력보다 꾸준한 학습능력이 더 중요하다. 학습능력이
있는 사람은 지식이 날이 갈수록 커지고 자신만의 견해가 생겨
나며, 타인에게도 영향을 줄 수 있는 사람이 된다.

넷째, 사물을 보는 넓은 눈– 오성(悟性–깨달음)

지식이 쌓이면 오성은 자연스럽게 생긴다. 학습을 반복하면
자신만의 견해가 생기고 하나의 원리를 통해 파생되는 여러 가
지 사물에도 밝아진다. 학습과정에서 오는 '깨달음'은 매우 중
요하다. 이 깨달음을 통해 인생의 진리를 터득하게 되고, 사물을
보는 시야가 달라진다. 순간적인 깨달음은 장시간에 걸친 학습

의 산물이다. 바른 생각, 곧은 신념, 사업에 대한 혜안(慧眼) 등이 깨달음의 과정을 통해 명확하게 다져진다. 이 깨달음의 전제가 되는 학습에 투자하는 시간과 함께 좋은 스승, 친구들을 소중히 여겨야 한다. 이것이 빠르게 성공으로 가는 길이다.

다섯째, 잠자고 있는 내면의 힘– 영성(靈性–영적인 깨달음)

깨달음을 체험하게 되면 그 다음 터득하게 되는 것이 영성(靈性), 또는 영감(靈感)이다. 눈으로 시야를 보고 귀로 거리를 느끼는 것에는 한계가 있다. 영감(靈感)으로 보고 들으며 느낀다면 어떤 경계에도 흔들림 없이 체험하고 느낄 수 있다.

사람의 일생은 세 단계로 나뉜다. 청년기에는 재기와 기량이 있고, 장년기에는 재력이 있으며, 완성기에는 모든 장애에 걸림이 없다. 영감(靈感)이 있는 사람은 바로 모든 경계에 걸림이 없는 사람이다. 세상 사람들 모두 그를 좋아하게 되고, 인간관계는 더할 나위 없이 원만해진다.

31

여섯째, 타인과 하나가 되는– 인성(人性)

영감(靈感)이 생기면 인성을 알게 된다. 인간의 근본적인 성질을 정확하게 이해할 수 있게 되면 어떤 일을 하든 그 사업은 성공한다.

인성을 아는 것은 곧, 상대방이 무엇을 원하는지 아는 것이고, 타인과 어떻게 더불어 살아야 하는지 아는 것이다. 인성을 터득하면 타인으로부터 호감과 신뢰를 받게 되고, 주위 사람들을 격려하는 법을 알게 되며, 사람들의 잠재력을 계발시켜 성공을 돕게 할 수 있다.

이상의 '육성'을 모두 깨우치게 된다면, 성공할 수 있는 준비는 모두 끝낸 것이다.

실패하는 사람들의 6가지 나쁜 습성

첫째, 늙거나 나이든 티를 내며 거만하게 행동하는 것
둘째, 패기가 없고 무력한 것
셋째, 무시하는 태도
넷째, 독선적인 것
다섯째, 매사에 무관심한 것
여섯째, 주위 사람들과 어울리지 못하는 것

이 6가지 나쁜 근성은 반드시 그 뿌리부터 없애야만, 성공의 길로 들어설 수 있다.

영향력을 가진다는 것은 성공할 수 있다는 것

有影響力就有可能

성공을 꿈꾸는 사람에게 가장 중요한 것은 재력이 아니다. 부단한 학습, 삶을 바꾸고야 말겠다는 신념 그리고 기존의 생각, 관념, 습관을 고치려는 노력이 가장 중요한 것이다. 이럴 때만이 당신은 타성에 젖은 자신을 철저히 버릴 수 있으며, 주위 사람들도 당신의 변화를 느낄 수 있다. 이 과정에서 당신은 주위에 영향력을 끼칠 수 있는 사람이 되는 것이다. 영향력을 가진다는 것은 당신이 꿈꾸는 무한한 성공을 실현시킬 수 있다는 뜻이다.

33

사람은 전면성을 추구해야 한다. 혼신을 쏟는 노력을 아끼지 않아야 한다. 자신의 결점을 과감히 고쳐 좋은 습관을 생활화하는 한편, 그 영향력을 키워 주위 사람들도 함께 갈 수 있도록 해야 한다. 이 노력은 자기 한 몸의 성공만을 꾀하는 이기적인 노력이 아니다. 가깝게는 가족, 주위 사람들 더 나아가 사회와 더불어 노력해야 한다.

성공하기 위해 좋은 학습 환경을 가꾸는 것이 중요하다. 나는 혼자 하는 학습도 좋지만 가능하면 특정조직에 소속되어 좋은 스승 혹은 벗과 함께 공부하기를 권한다. 학습방법에 관해 함께 상의하고, 올바른 처세술에 관해 연구해보고, 바람직한 인관관계를 형성하기 위해 어떤 노력을 해야 할 것인지 같이 토론해보라. 시간 관리를 어떻게 할 것인지, 비즈니스를 어떻게 할 것인지, 삶의 규칙도 같이 세워보길 바란다. 우리가 일생을 살면서 배워야 할 것들은 너무나 많다. 그래서 나는 항상 '학습과 실천'을 강조한다.

'나는 반드시 할 수 있다, 나는 반드시 성공한다!'는 사실을 시시각각 자신에게 주입시켜라.

단체, 그 힘은 크다

많은 학습 환경 중에서 단체가 함께 하는 학습은 개인에게 미치는 영향력이 가장 크다. 부모가 아이를 학교에 보내는 이유도 이와 같다. 단체 생활 속에서 가족이 아닌 타인과 함께 지내는 법을 배우게 되고, 단체 생활의 습성도 배우게 된다. 단체가 가지는 힘은 크다. 단체 학습은 개인의 식견을 넓혀주고, 도량을 길러주며 자신감도 배양시킨다.

사장, 회장, 박사, 석사, 가정주부 등등. 사회에서 자신의 신분을 잊어버리고 단체 학습 과정에 참가하면 모두가 즐겁고, 따뜻한 분위기의 학습 환경을 만들 수 있다. 이때 중요한 것은 모두가 태초의 아기 같은 마음으로 돌아가 겸손한 마음으로 학습에 참가해야만 그 속에서 큰 성과를 거둘 수 있다는 점이다.

함께 마음을 가다듬고 공부한다면 그 단체가 발산하는 에너지는 무한하다. 100명의 사람이 모여서 학습한다면 100명의 힘이 모아질 것이고, 1,000명의 사람이 함께 학습한다면 1,000명의 힘이 모여져 개인이 느끼는 에너지도 큰 것이다. 진정한 학습과 실천은 단체 학습 속에서 배우고 느낄 수 있으며, 서로 관심을 가지고 격려하면서 희생과 은혜의 참 뜻을 깨닫게 된다.

35

큰 지혜는 겸손 안에 숨어있다

학습의 참 뜻을 알고 싶다면 먼저 겸손해야 한다. 자신의 식견은 매우 보잘 것 없다고 생각하며, 아직도 모르는 것이 많다고 생각하라. 오직 호기심 하나만으로 진리를 탐구하고 항상 "많은 가르침 부탁드립니다."라는 말을 하라. 이럴 때 학습의 공간은 넓어지고, 다른 사람들도 기쁜 마음으로 당신에게 충고하게 되고, 결과적으로 당신은 많은걸 배우고 느끼게 된다. 중국 고서에 '세 사람이 길을 가면 반드시 나의 스승이 있다.'는 말이 바로 이 이치를 말하는 것이다.

그 다음 중요한 것은 소중한 마음을 가지는 것이다. 아끼고 소중한 마음이 있을 때 비로소 자신의 것으로 만들 수 있다. 학습의 기회를 소중히 여기고, 좋은 스승과 친구를 소중히 여긴다면 당신 곁에는 항상 기쁨이 함께 할 것이며 더 많은 것을 배우려 하는 마음이 생길 것 이다.

모하메드는 " '저는 모르는 것이 많습니다. 많은 가르침 부탁드립니다.' 라고 말하는 사람이 진정한 지혜인이다."라고 말했다. 소크라테스는 "내가 유일하게 알고 있는 것은 내가 아는 게 아무것도 없다는 사실 뿐이다."라고 말했다.

겸손할수록 지혜는 커진다. 큰 지혜는 겸손 안에 숨어있기 때문이다. 나는 인생의 가장 높은 경지를 겸손이라고 생각한다. 다른 사람보다 더 겸손하라. 더 희생하고 더 학습하라. 그러면 당신은 성공할 수 있다.

좌절 속에서 용기 찾기

헬렌 켈러는 "인생에서 반드시 배워야 할 것이 두 가지 있다면 그것은 인내와 용기다."라고 했다.

참고 기다리는 인내는 많은 실패, 좌절, 고통 속에서만이 배울

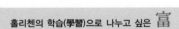

수 있다. 성공한 사람들은 긍정적이고, 낙관적이며, 도량이 넓다. 이 부분을 자세히 생각해보자. 그들은 보통 사람들보다 많은 고생을 했고 그들이 경험한 좌절도 여느 사람 못지않게 많고 다양하다. 하지만 그들은 힘든 난관에 봉착했을 때 모든 문제를 긍정적으로 생각한다.

그들은 여러 학습 환경 속에서 앞서 성공한 사람들이 참패를 겪어가며 닦은 경험과 노하우를 이미 습득해 자신의 경험으로 만들었다. 학습을 통해 다져진 신념과 타산지석(他山之石) 정신이 그들을 실패에서 벗어나는 시간도, 성공으로 다가가는 시간도 단축했다. 좋은 학습 환경과 좋은 스승 그리고 벗들의 중요성을 항상 강조하는 이유도 바로 여기에 있다.

37

사업의 성공은 인격에서 출발한다

당신이 성공하고 싶다면 사람들에게 좋은 인상을 심어주어야 한다.

만약 당신의 인간관계가 좋지 못하다면, 사람들은 결코 당신을 따르지 않을 것이다. 성공할 수 있는 가장 간단한 방법 중의 하나는 인격을 수양해서 좋은 처세를 배우는 것이다.

인격수양 면에서 당신이 성공했다면 비즈니스에서도 당연히 성공한다. 성공의 시작은 인격수양에서 비롯되기 때문이다. 특히 조직의 리더들은 항상 인격수양을 게을리 해서는 안 된다. 왜냐하면 조직 내의 모든 사람들이 그에게 주목하고 있기 때문이다. 그를 존경하는 이도 있겠지만, 그를 시기하는 이도 있다. 그들은 리더들의 말에 순종하기 보다는 먼저 리더들이 어떤 일을 하는지 지켜보고 평가하려 한다. 성숙한 인격을 갖추지 못하면 그는 주위 사람의 호감을 사지 못한다. 어긋난 인간관계는 비즈니스에서 성공할 수 없다.

인격수양은 간단하다. 매일 좋은 생각과 좋은 말, 좋은 것을 배우며 좋은 일을 행하고 좋은 말을 전한다면 모든 면을 빈틈없이 돌보고 배려하는 리더가 되는 것이다. 여기서 좋은 말을 하라는 것은 자신의 좋은 점을 이야기 하라는 것이 아니라 '다른 사람의 좋은 점을 이야기 하라.' 는 것이다. 이때 당신의 눈빛과 태도는 매우 중요하다. 차별을 두고 이야기 하거나, 공평하지 못한 시선으로 이야기를 나눈다면 그 손실은 모두 자신에게 돌아간다.

리더의 자질을 갖추기 위해서는 우선 타인에게 좋은 인상을 남길 수 있는 시선과 태도를 지녀야 한다. 좋은 첫 인상은 인간관계에서 작은 노력으로 가장 큰 성과를 거둘 수 있는 열쇠다.

영향력 있는 사람 되기

나는 리더를 초빙하거나 추천할 때, 좋은 학력을 가진 사람이나 말 주변이 좋은 사람에게 후한 점수를 주지 않는다. 내가 중점을 두는 것은 지금 자신의 성공이 주위 사람들 덕분이라고 말 하는 사람, 항상 다른 사람들을 격려하고 칭찬하는 사람, 정서가 안정되고 성격이 화통한 사람이다. 이런 사람들은 마음의 도량이 넓고, 이견을 잘 받아들이며, 단체를 이끌고 나아갈 수 있다. 그뿐 아니라 조직 전체를 성공으로 끌어갈 수 있는 사람이다.

사람이 한 평생을 살면서 꼭 권력을 가질 필요는 없다. 그러나 타인에게 영향력이 있는 사람이 되어야 한다. 세계 역사상 거대한 권력을 가졌던 사람들을 살펴보더라도 알 수 있다. 예를 들어 히틀러는 세계 정복의 야심을 지니고 있었지만 그 과정에서 수천만 명의 사람을 죽였고, 나폴레옹의 위세는 하늘을 뒤덮을 듯 당당했지만, 그들 모두 불운하게 최후를 맞았다. 수억 수천을 가진 큰 부자들도 결국은 빈손으로 세상을 떠나기 마련이다. 세상에는 진정한 사랑이나, 귀한 우정, 건강한 신체와 영혼처럼 돈으로 살 수 없는 것들이 많다.

사랑과 감동은 가장 강한 무기다

세상에서 가장 위대한 힘은 '사랑' 이다. 나는 오랜 조직 활동 중에서 나름대로 가장 중요한 것을 알아냈다. 그것은 주위 사람들에게 나의 사랑과 관심을 전하는 것이 곧 좋은 인간관계를 형성한다는 사실이다.

세계 여러 나라들이 가장 강력한 힘을 가진 핵무기를 보유하고 싶어 하지만, 세상에서 가장 강력한 무기는 '감동' 이다. 당신이 어떤 일을 할 때 매번 주위 사람들을 감동시키고, 그래서 매일 그가 당신을 돕게 만들 수 있다면, 당신은 어떤 불가능한 일도 모두 가능하게 만들 수 있다.

지난 15년을 돌이켜 봤을 때 만약 누군가 나에게 "어떤 노력으로 조직을 결성하고 성공할 수 있었나?"라고 질문한다면, 그 대답은 단 하나 바로 "사랑의 힘이다!"라고 대답할 것이다. 나는 '사랑' 의 힘으로 타인을 감동시켰고, 그들을 도울 수 있었으며 무엇보다 그들을 성공이라는 정상의 자리에 올려놓을 수 있었다. 나는 늘 진심어린 사랑으로 그들과 함께 하고 있는 것이다.

서로 시기하지 않고, 진심으로 우러나오는 사랑과 관심을 서로에게 보내는 조직을 우리 주변의 어디에서 볼 수 있을까? 그것은 바로 '가정'이다. 성공한 기업이나 조직을 자세히 살펴보면, 구성원들이 마치 가족처럼 서로를 배려한다. 그 기업에는 가정에서나 볼 수 있는 따뜻함과 사랑이 있다. 다시 한 번 강조한다. 이 세상에서 가장 위대한 공동체는 '가족과 같은 조직'이다.

학습하는 단체는 무한 발전한다

　　단체 생활 속에서 반복되는 학습과 훈련은 개인을 은연중에 감화(感化)시킬 뿐 아니라 심지어 당신 자신이 느끼지 못하는 동안 적지 않은 결점을 고쳐 준다. 본인이 미처 자신의 변화를 깨닫기 전에 주위 사람들은 당신의 변화를 느끼고 당신의 영향력이 그들에게 무의식중에 작용하게 된다. 이런 시간이 많아지면 당신의 영향력은 그 누구도 예상할 수 없을 만큼 커진다.

　　마치 당신이 사과 한 개를 잘라 그 안에 몇 개의 사과 씨가 있는지 정확히 셀 수 있지만 그 씨를 다시 심었을 때 몇 개의 사과가 열릴지, 어떤 사과나무가 될지는 아무도 예측할 수 없는 것과 같다.

41

만약 어떤 이가 나에게 단체 학습의 가치를 물어본다면 '나는 씨앗을 땅에 심는 것과 같다.' 는 말 외에는 달리 할 말이 없다. 그 씨앗에 몇 개의 열매가 열릴지, 그 나무가 얼마나 성장할지, 그 생명력이 얼마나 무궁무진할지 아무도 알 수 없다.

믿어야만 성공할 수 있다

　　모든 사람들에게 꿈은 반드시 실현할 수 있다는 믿음을 주는 사람, 모든 사람들에게 자신의 숨은 저력을 향상·발전시키겠다는 감정을 불러일으킬 수 있는 사람, 그 사람이야 말로 세상에서 가장 위대한 사람이다. 훌륭한 리더는 자신과 함께 하는 주위의 모든 사람들이 성공을 향해 질주하도록 자극을 주는 강한 '동기부여가' 다. 리더는 주변 사람들이 주저함 없이 꿈꾸고, 계획하고, 노력할 수 있도록 이끌어 줘야 한다. 가장 평범한 사람을 가장 특별하게 만드는 일! 이것은 단지 덕을 쌓은 일 뿐 아니라, 인생의 한계를 뛰어넘는 일이며 무엇보다 가장 위대한 사업을 하는 것이다.

　　외국에 나가서 그곳에 살고 있는 중국인들을 만날 때면, 나는 매번 그들에게 많은 감동을 받는다. 그들은 학문이나 품행이 매우 우수한 최고급 인재들이다. 그럼에도 그들은 매우 겸손하게 학습에 임하며, 불원천리(不遠千里) 먼 타향에서 배운 학문을 다시 조국으로 돌아서 사회에 환원하기를 아까워하지 않는다.

많이 보고 많이 들어야 견문이 넓어지고, 인생도 자신이 원하는 모습으로 바꿀 수 있다. 현재 이룬 것이 아무것도 없는 사람일지라도 먼저 자신을 믿어야 한다. 자신감을 가져야만 강한 의지가 생겨날 수 있다. 손중산 선생은 '사상(思想)', '신앙(信仰)', '역량(力量)' 이란 말씀을 하셨다. 먼저 생각하고, 반드시 믿으면 힘이 생긴다는 뜻이다.

15년 전 나는 좋은 강의를 들었고, 꿈은 반드시 이루어진다는 것을 믿었다. 그 덕분에 지금 수천만 명에게 성공의 길을 가르쳐주고 있다. 자신의 성공을 믿는다면, 당신은 꿈이 현실로 실현되는 기적을 반드시 체험하게 될 것이다.

승자는 포기하지 않는다

내가 감명 깊게 읽은 책을 소개하고자 한다. 내용을 요약하자면 다음과 같다.

한 바보 같은 아이가 있었다. 그 아이의 부모마저 이 아이가

크면 출세는 커녕 평범하게 사는 것 마저 어렵겠다며 포기한 아
이였다. 그러나 이 아이는 성장해서 특별히 뛰어난 인재가 되었
다. 기자가 그를 찾아가 성공의 비결을 물었을 때 그는 태연하게
"사실, 비결이랄 것도 없습니다. 다른 사람들이 포기할 때 한 번
더 시도했었고, 한 번 더 노력했을 뿐입니다."라고 대답했다.

호가영부방기(豪家永不放棄),

방기영불성호가(放棄永不成豪家)

중국 고대 문헌의 한 구절이다. '영웅은 쉽게 포기하지 않고,
포기하면 영원히 영웅이 될 수 없다.'는 뜻이다. 당신이 지금 어
떤 신분의 사람이든 상관없다. 복잡한 일은 간결하게 만들고, 간
결한 일을 반복하라. 한 번 결심했다면 어떤 어려움이 와도 쉽게
포기하지 마라. 그러면 누구라도 성공할 수 있다.

참된 우정을 맺고 지켜라

성공을 꿈꾸는 사람에게 가장 중요한 것은 재력이 아니다. 부
단한 학습, 삶을 바꾸고야 말겠다는 신념 그리고 기존의 생각이
나 관념, 습관을 고치려는 노력이 가장 중요한 것이다. 이런 자세

가 타성에 젖은 과거의 자신을 철저하게 버리게 해주며, 주위 사람들도 당신의 변화를 느끼게 해준다. 이 과정에서 당신은 주위에 영향력을 끼칠 수 있는 사람이 되는 것이다.

성공한 사업가는 이윤에 가치를 두기 보다는 비즈니스 과정에서 자신의 결점을 고치려는 씨를 마음에 뿌렸다는 것에 더 큰 의미를 둔다. 그 씨는 자라 뿌리를 내려 마음이 맑아지고, 스스로의 한계를 넘어서고, 진정한 의미의 자유를 느끼게 한다. 마음 가는 대로 하는 모든 행동이 선의 길이고, 최종적으로 많은 사람에게 자신의 영향력을 미치는 것이다. 그것은 곧, '개인적인 성공'에서 '모두가 함께 하는 성공'의 경지에 올라가는 것이다.

45

성공 리더는 사고방법이 다르다
成功領導人的可能想法

성공한 사람들은 자신의 경험을 소중히 간직하고, 고통은 가능한 빨리 잊어버리려 한다. 이런 정신으로 그들은 수많은 문제들을 해결할 수 있었고, 꿈을 실현시킬 수 있었으며, 뛰어난 리더가 됐다.

실패한 사람들은 자신의 경험을 쉽게 잊어버린 채, 과거의 아픔에 매달려 헤어나질 못한다. 이런 사람들은 영원히 고통에서 벗어날 수 없으며, 평생 자신의 꿈이나 이상을 결코 실현시킬 수 없다.

47

내가 15년 동안 이 사업을 진행하는 과정에서 내 삶은 '평범'에서 '성공'으로 변했다. 조금씩 성공의 정상으로 나아갔고, 내 꿈들을 모두 실현시켰다. 그 과정에서 얻은 가장 큰 성과는 명예나 부가 아니었다. 내가 이 사업을 하면서 깨달은 생각, 관념, 능력, 경험 그리고 타인의 성공을 도울 수 있는 내 영향력이 함께 성장한 것이다.

황량한 사막 같았던 내 인생이 젖과 꿀이 흐르는 울창한 초원으로 변한 것이다. 불가능한 것을 가능하게 만들었고, 반대세력이 지지세력으로 바뀌어 결국 한 사람의 인생도 바꿨으며, 평범한 삶을 성공적인 삶으로 바꾸는 훈련을 했다. 마지막으로 다른 사람도 같이 성공할 수 있도록 도왔다. 이제 이것은 내 인생에서 가장 큰 도전이며, 가장 큰 성취감을 가지는 일이 됐다.

최고의 전문가만이 생존 경쟁에서 승리한다

조직이 탄탄할 때 비즈니스가 성공할 수 있으며, 그 조직의 핵심에는 반드시 특출한 인재를 심어두어야 한다. 그래서 성공 리더들은 인재를 등용하고 투자하기를 아끼지 않는다. 모든 인재들은 조직 사업의 발전에 있어서 역할이 매우 크다. '돈 관리를 제대로 못하면 반 평생이 힘들지만, 사람 관리를 제대로 못하면 한 평생이 힘들다.'는 말이 있다. 성공적인 비즈니스를 위해서는 반드시 개인의 인성을 파악해야 하고, 그러기 위해서는 우선 사람들과 진실한 우정을 쌓아야 한다. 그 다음 당신의 우정과 관심으로 상대방을 감동시켜야 한다. 그가 당신을 부러워하도록 만들어야 하며, 그의 성공 모델이 당신이 되었을 때 좋은 인재를 내 사람으로 만들 수 있다. 한 조직에 우수한 인재가 많다면 그 비즈니스는 반드시 성공한다.

그러므로 우리는 자신이 모든 분야에서 우수한 경영자가 되도록 노력해야 한다. 우선 좋은 학습 환경을 찾고, 성공 리더가 되는 훈련을 받아야 한다. 그 후 우수한 조직을 경영한다면, 그 비즈니스가 바로 성공 비즈니스가 될 것이다.

좋은 스승과 친구들은 개인에게 매우 중요하다. 좋은 스승은 당신이 문제를 만났을 때 해결 방법을 제시해 줄 것이다. 좋은 친구는 당신을 지지해주고 인정해주며, 격려해주고 당신과 같이 호흡해 준다. 이런 좋은 스승과 친구들이 항상 당신 주위에 있다면 당신의 성격은 적극적으로 바뀔 것이고, 타인을 도울 수 있는 넉넉한 사람이 될 것이다.

49

온갖 어려움을 극복하는 성공 리더

성공하는 사람들은 문제의 뒷면에서 해답을 찾고, 실패하는 사람들은 해답의 뒷면에서 문제를 찾는다. 성공한 사람들은 자신의 경험을 기억하고, 고통은 잊어버리고 온갖 어려움을 해결해나가며 성공한 인생의 정상으로 나아간다. 반면 실패하는 사람들은 경험을 모두 망각한 채, 고통은 결코 잊으려고 하지 않는다. 그래서 평생을 이런 저런 어려움 속에서 벗어나지 못하고, 결국 그의 이상이나 꿈을 이루지 못한 채 생을 접는다.

나는 적극적인 사람들을 태양에, 소극적인 사람들을 달에 비유한다.

적극적인 사람들은 마치 태양과 같이 어떤 곳에서도 그 빛을 발하지만, 소극적인 사람들은 달의 초승달과 보름달의 모습을 모두 지니고 있다.

적극적으로 사고하고 매일 자신의 신념을 다지며 미래를 준비하는 사람들은 하루하루가 즐겁고 성공을 향해 질주하는 힘이 샘솟는다. 이런 사람들은 성공의 비결을 알고 있다.

내가 알고 있는 성공의 3가지 비결은 이런 것이다.

첫째, 편안한 마음 가지기

편안한 마음이란 조직의 힘을 모아 어려울 때 서로 기대고 의지하면서 난관을 헤쳐 나가는 것이다.

둘째, 문제를 가능한 단순화해서 생각하기

문제를 단순화한다는 것은 복잡한 사건을 단순화하고, 단순화한 문제를 반복해서 꼼꼼히 처리한다는 뜻이다. 문제의 단순화는 학습을 통해서 가능하며, 단순화한 일을 반복해서 하는 것은 남보다 한 번 더 노력하는 부지런함으로 가능하다.

셋째, 즐겁게 생활하기

조직 내에서 즐겁게 생활하고, 협력해서 일을 한다면 자연스레 일은 즐거워진다. 처음엔 이런 마음을 자발적으로 만들어야 하고, 다음은 주위 사람들의 도움으로 일을 추진해야 한다.

열정과 성공은 비례한다

성공하고 싶다면, 먼저 성공한 사람들의 모습을 배워야 한다. 성공한 사람들과 함께 하는 시간이 길어지면 그 개인이 속한 조직은 앞으로 나아가 성공의 목적지에 도달한다. 성공하기 위해서는 끊임없는 반복 학습과 부단한 노력, 그리고 열정이 있어야 한다. 열정적인 사람은 성공의 길에 더 빨리 다가선다. 마치 타자가 운동장에서 불굴의 투지와 지구력으로 연습한다면, 언젠가 그가 강타자가 될 수 있는 것과 같은 이치다. 화가가 수백 번의 연습을 거친다면 그는 한 번 본 것은 반드시 그릴 수 있고, 그 다음 단계는 보지 않고도 마음의 눈으로 그릴 수 있을 것이며, 마지막으로 그는 보지 않고 생각을 거치지 않고서도 그려낼 수 있게 된다. 숙련은 연습에서 오는 것이며, 이 경험이 쌓이면 붓 가는 대로, 마음 가는 대로 그려도 훌륭한 작품이 되는 예술의 최고 경

51

지에 이르게 된다.

성공한 사람들은 자신의 결점을 분명히 안다. 그것을 깨닫고, 학습을 통해 배운다. 실천하고, 성취하고, 자신의 성공을 나눈다. 알면서 실천하지 않는 것은 모르는 것과 같으며, 실천했으나 결과가 없다면 실천하지 않은 것과 같다.

자신의 결점을 깨닫는다면 반드시 고치려 하고, 부단한 노력으로 자신의 삶을 끝까지 성공으로 마무리 지어야 한다.

사랑과 관심으로 감동시켜라

깨닫고, 실천하고, 성공을 나누다 보면 당신의 성격은 점점 '수동'에서 '능동'으로 바뀌어간다. 능동적일 때만이 타인을 감동시킬 수 있고, 좋은 결과를 낳을 수 있다. 성공 리더는 그의 뛰어난 영향력으로 천군만마(千軍万馬)의 조직원들을 이끌고 큰일을 성사시킨다.

성공 리더는 부드러움과 강함을 배워야 한다. 사랑과 인내, 의지와 집중력 그리고 애정을 가지고 모든 사람을 포용해야 한다. 희생하는 사랑이 그 빛을 더 발하는 것이며, 몰입하는 사랑이 더 깊어지는 것이다.

사랑은 이해다. 따뜻한 마음으로 다가갈 때 오해를 없앨 수 있다. 또한 사랑은 관심이다. 관심으로 다가갈 때 모든 것을 포용할 수 있다.

성공 리더들에게는 다음과 같은 6가지 특징이 있다.

첫째, 자신을 아끼듯 타인을 아끼고, 자신을 사랑하듯 타인을 사랑한다

우리 모두는 이 세상에서 단 하나뿐인 소중한 존재다. 세상의 어떤 것들로도 우리 자신을 대신할 수 없다. 그러므로 자신을 사랑해야 하고, 자신에게 주어진 시간을 아껴야 하며, 생명을 소중히 여겨야 한다. 인간은 주변 사람이나 환경과 더불어 살아야 하는 사회적 동물이기 때문에 타인과의 관계는 바로 자신의 성공을 결정하는 열쇠라 해도 과언이 아니다. 항상 밝은 생각과 얼굴로 타인과의 교류를 즐기며, 많은 친구를 만들어라.

당신이 다른 사람에게 관심과 애정을 보낼 때, 동시에 당신은 그들에게 관심과 애정을 받을 것이다. 사랑은 무한한 것이어서 쓰면 쓸수록 더 많아진다. 그리고 사랑은 상대적인 것이다. 당신이 조직 구성원들 모두를 사랑하고 그들에게 한결같이 관심을 쏟는다면, 바로 당신이 조직 전체에서 사랑받고 관심 받는 사람

53

이 되는 것이다. 기억하라. 성공 리더는 결코 자신만의 성공을 위해 달리지 않는다. 조직의 성공을 위해 달린다. 그는 알고 있다. 조직의 성공이란 바로 더 큰 자신의 성공이라는 것을……. 자신을 사랑하듯 하늘 아래에 있는 모든 이들을 사랑하라. 이것은 세상에서 가장 행복한 일이다.

둘째, 경청하고 공유한다

사람들과의 교류 속에서 경청하는 법과 공유하는 법을 배워라. 행복과 기쁨의 공유 속에서 자신의 가치와 자신감을 발견하게 될 것이다. 경청 속에서 타인을 칭찬하고 있는 자신의 낙관적인 모습과 자신감을 발견하게 될 것이다. 이 두 가지 좋은 요소는 당신의 학습을 성공으로 이끌어 가는데 촉매가 될 것이다.

말이 많은 것은 좋고 나쁨의 기준이 될 수 없다. 말의 빈도에 좋고 나쁨이 있는 것이 아니라, 그 내용이 중요한 것이다. 자기 자랑이나 남을 험담하지 마라. 항상 남을 칭찬해주고, 격려하는 말을 하라. 다른 사람의 말을 경청하면서 미래 자화상을 함께 계획하고 조언한다면 그 사람에게 희망과 행복을 줄 뿐 아니라 당신도 성공 리더로 한 층 더 올라가는 것이다.

셋째, 말 속의 숨겨진 뜻을 놓치지 않는다

성공한 사람의 말을 이해하는 연습을 해야 하고, 성공한 이의 행위를 볼 수 있는 눈을 길러야 한다.

무엇보다 중요한 것은 말 속의 숨겨진 뜻을 파악할 줄 알아야 한다. 성공한 사람들의 지혜는 종종 무언(無言)속에 있기 때문이다. 또는 그들의 말 한마디, 동작 하나 속에 사람을 깊이 깨닫게 하는 수많은 진리들이 숨어 있다. 지혜의 수많은 결정체나 성공의 경험은 말로 다 표현할 수 없는 것들이 많다. 성공한 이들과의 빈번한 교류를 통해 그들 말 속에 숨겨진 참 뜻과 지혜를 자신의 것으로 만들어라.

넷째, 주위 친구들에게 학습을 권유한다

성공 리더는 타인의 꿈을 위해 많은 관심을 가지고 함께 계획한다. 자신의 경험과 노하우를 아낌없이 공유하고, 격려와 조언으로 같이 학습하고 공부하기를 항상 권유해라. 주위 사람들이 당신의 영향력으로 부단히 성장하게 하라. 타인의 어려움에 귀 기울이며 그들이 원하는 것을 함께 찾고, 그들의 적극적인 사고를 유도하고 그들의 성공에 동참하라.

다섯째, 부러움의 대상이 된다

성공 리더는 완전한 자유와 평생의 안락을 이미 보장 받은 사람들이다. 그들은 일과 생활에 쫓기는 법이 없다. 일이든 생활이든 그 속에서 즐거움을 찾으며 살아간다. 이런 삶은 세상 누구에게나 부러움의 대상이며 사람들은 그의 삶을 모방하고 추종하기를 꺼려하지 않는다.

여섯째, 학습의 모범이 된다

성공 리더는 주저 없이 자신의 삶을 변화시키려 노력하고, 항상 학습한다. 자신의 결점을 냉정하게 직시하고, 일을 스스로 찾아서 맡아한다.

열정과 배려 그리고 신뢰와 추진력으로 조직을 이끌어 간다. 그 외에도 성공 리더는 자신만의 매력과 겸손으로 타인에게 정겹게 다가선다. 이런 성공 요소를 가진 사람들은 다른 사람 인생의 성공 모델이 된다.

성공 리더는 묵은 관습을 과감히 깰 수 있어야 한다. 기존의 전통과 비(非)전통, 그리고 합리적인 것과 비합리적인 것들에 대해 새로운 도전을 시도해보자.

56

21세기 리더의 특징

21세기의 새로운 장이 열렸고, 현대 사회는 급변하고 있다. 현재 사회가 필요로 하는 리더가 갖춰야 할 자질에 대해 알아보자.

첫째, 조직의 목표를 설정할 줄 알아야 한다

개인이 자신의 미래에 대해 꿈을 설계하듯이 조직도 목표와 방향을 정확히 설정해야 한다. 그럴 때만이 모두가 마음을 한데 모아 난관에도 흔들림 없이 앞으로 나아갈 수 있다. 개인보다는 조직의 이익을 생각해야만 여러 가지 문제를 극복할 수 있다. 나무가 있어야 잎이 나듯 조직이 있을 때만이 개인은 생활을 유지할 수 있고 국가가 존립할 때만이 가정은 편안할 수 있다. 모든 개인이 이런 마음으로 조직에 협력한다면, 그 조직의 미래는 안정된 모습으로 목표를 향해 질주할 것이다.

둘째, 조직의 가치관을 바로잡을 줄 알아야 한다

리더는 조직 구성원들에게 수시로 비즈니스의 신념을 다지는 일의 중요성을 일깨워줘야 한다. 그래서 그들에게 미래에 대한 확신을 심어주어야 하고, 전력을 다해 비즈니스를 진행할 수 있도록 용기를 북돋워줘야 한다. 모두가 같은 가치관을 가진다면

57

조직의 응집력이 높아질 뿐 아니라, 발전의 무한한 가능성을 발산할 수 있다.

셋째, 다른 사람들을 자주 만나고 그들을 칭찬하고 격려해야
한다

리더는 조직 구성원들과 자주 교류해야 한다. 항상 그들을 칭찬하고, 그들 모두가 소중한 사람들이란 것을 알려줘야 한다. 그리고 그들의 성장과 이상에 관심을 가지고, 격려하라.

넷째, 지혜와 경험을 잘 활용할 줄 알아야 한다

리더로서 성공하고 싶다면, 앞서 성공한 이들과 빈번한 교류를 가지며 그들이 보인 모범적인 자취를 배워서, 그들의 지혜와 경험을 내 것으로 만들어야 한다. 조직 구성원들의 마음은 수시로 변한다. 우선 리더 자신의 신념을 확실히 다지고, 앞선 리더들의 지혜와 경험으로 조직 내부 문제를 해결해야 한다.

다섯째, 주위 사람들의 지혜와 아이디어를 잘 활용할 줄 알아야 한다

조직을 탄탄하게 성장시키기 위해서 가장 중요한 것 중 하나

는 인재다. 참신한 인재들이 조직 내에서 서로의 의견을 모아 보다 큰 효과를 거두며 각자의 재능을 십분 발휘할 수 있는 환경을 만들어 주어야 한다.

여러 사람의 의견을 모으면 큰 지혜가 나온다. 인재뿐 아니라 일반 조직 구성원에게도 관심의 끈을 늦추지 마라. 마음껏 자신의 견해를 이야기 할 수 있도록 하고, 참신한 아이템이나 독특한 의견을 가진 조직 구성원의 말에 귀 기울여라. 그들을 칭찬하고, 그들 또한 재능을 충분히 발휘할 수 있도록 힘써라. 조직 구성원의 말에 귀 기울여주고, 조직 구성원들의 능력을 힘껏 발휘할 수 있도록 도울 때 리더의 역량은 커진다.

성공 리더는 조직 구성원 사이의 교류를 중요시 한다

성공 리더는 조직 구성원 사이의 교류를 중요하게 생각한다.

첫째, 조직 구성원 사이의 교류는 가장 중요하다

조직 구성원들의 상하교류는 매일 일과의 가장 중요한 업무로 생각하고 그렇게 프로세스를 만들라. 조직 구성원의 말을 경청하면서, 적절한 시기의 적절한 격려와 칭찬은 그들의 사기를 북

돈는 가장 확실한 방법이다.

둘째, 의견교류 전에 마음교류를 확실히 하라

리더가 먼저 마음의 문을 열고, 조직 구성원과의 대화에 임해야 한다. 감성으로 그들의 마음을 먼저 움직여 서로간의 거리를 좁혀야 한다. 마음의 공감이 오고 간 상태에서의 의견교류는 무리가 없다.

셋째, 겸허하고 개방된 자세로 임해라

서로의 의견이 동일하지 않을 때는 충분한 이유를 말하며 따뜻한 말투로 이야기 하라. 겸손한 자세로 설득력 있는 분명한 이유로 상대방을 설득한다면 좋은 결과가 나타날 것이다.

넷째, 교류하기 전 분위기 조성에 힘써라

교류를 진행하기 전 먼저 상대방이 당신의 의견에 쉽게 수긍할 수 있는 편한 분위기와 환경을 만든다면 교류는 순조롭게 진행될 것이다.

다섯째, 아무리 바빠도 의견교류 시간은 가져라

업무가 산더미처럼 쌓여도 조직 구성원 사이의 의견교류 시간은 반드시 비워두어야 한다. 조직 구성원들 간에 이해를 같이 할 수 있도록 장치마련에 고민을 많이 하고, 불필요한 오해를 사전에 깨끗이 없앤다면 조직의 생산성은 한층 더 높아질 것이다.

61

성공으로 가는 열쇠를 잡다

掌握成功的趨勢

> 급변하는 소비자의 심리를 읽는 자, 인터넷을 장악한 자만이 시장을 장악할 수 있다. 소비자를 손 안에 쥔 자, 바로 그의 손에 부(富)가 있다.

21세기의 학습 환경에는 큰 변화가 일어났다. 기존의 학습은 학교에서 모두 전담했지만, 지금은 사뭇 다르다. TV, 인터넷, 사회, 종교 단체 등 이 모든 곳이 학습 장소로 전환되고 있으며, 이것이 오늘날 교육의 추세다.

적극적인 사고로 잠재능력을 계발하라

잠재능력을 계발하고, 자신감을 부여하는 것. 이 두 가지가 교육의 주요 기능이며, 동시에 학습의 주요 목적이다. 과학적인 연구를 거친 발표에 따르면, 인간의 뇌는 빙산의 일각과 같다고 한다. 신이 모든 인간에게 100점의 재능을 줬다고 가정했을 때, 대부분의 사람들은 40%의 잠재능력만 개발하고, 나머지 60%는 그

대로 무덤으로 가져간다. 얼마나 안타까운 일인가!

만약 어떤 이가 내 잠재력을 일깨워 준다면 나는 그를 은인으로 생각하고, 그를 돕기 위해 최선을 다 할 것이다. 미래의 비즈니스 조직은 학습형 조직방식으로 발전해야 한다. 학습형 조직이란 개인의 잠재능력을 남김없이 계발해 무에서 유를 창조하는 것이다.

'지혜로운 자는 무에서 유를 창조시키고, 어리석은 자는 오히려 유를 무로 만들어 버린다.'

64

적극적인 사고는 행복한 인생을 창조한다

『두뇌혁명』이라는 베스트셀러 책에서는, 적극적인 사고가 두뇌에 미치는 영향에 대해서 자세히 언급하고 있다. 적극적인 사고는 뇌 속에서 호르몬을 분비하는데 이 호르몬이 사람의 인생을 결정짓는다고 한다. 이 호르몬은 뇌세포를 젊게 유지시켜, 낙관적이며 진취적인 생활 방식을 유지하게 한다. 그 뿐 아니라 노화와 질병을 억제 시키는 역할까지 한다니 얼마나 놀라운가! 심지어 기억력 감퇴를 막을 수 있고, 대인 관계 기술이나 인내력, 창조력, 잠재력 모두 이 호르몬과 밀접한 관계가 있다고 한다. 사람이 항상 미소 짓고, 모든 일을 좋은 방향으로 생각하고, 유리한 방향으로 대응한다면 뇌세포 활성화를 촉진시키는 호르몬을 분비해 신체를 건강하게 유지할 수 있고 창조력도 증진된다고 한다.

그러므로 잠재혁명의 개발은 곧 '두뇌혁명'의 시작인 것이다. 좋은 강의를 들으면서, 좋은 스승과 벗들과의 교류 속에서 적극적인 사고를 키우기 바란다. 모든 일을 좋은 쪽으로 생각하라. 좋은 말만 하고, 좋은 것만 들어라. 좋은 공부만 하고, 좋은 일만 행하라. 이럴 때 당신의 뇌는 잠재력을 계발하려는 혁명이 일어나게 될 것이다.

65

시장을 장악하고 싶다면, 소비 코드를 읽어라

21세기에는 잠재력을 계발하는 '두뇌혁명'뿐 아니라, 새롭게 다가오는 '전자상거래혁명'의 변화에도 큰 관심을 두어야 한다. 제1차 산업혁명은 기계가 인간을 대신해 대량생산을 가능하게 만들었고, 사회전반에 걸친 급속한 진보를 이루었다. 포드가 처음 자동차를 발명했을 때, 수많은 사람들의 비난이 쏟아졌다. 그러나 결과는 강철, 플라스틱 그리고 수많은 사업을 육성한 것이었다.

제2차 산업혁명은 자본주의와 함께 왔다. 약육강식의 논리가 팽배한 경쟁 환경 속에서 문어발 형식의 대기업은 모든 중소기업을 장악해 시장을 독점해버렸다. 맥도널드는 전형적인 국제적인 기업으로 급속히 발전했다. 24시간 편의점 세븐 일레븐은 세계적으로 막대한 자본과 시간을 투자해 판매 활성화와 지속적인 점포 확장을 이루고 있다. 막을 수 없는 흐름이며 현실이다.

3차 산업혁명은 정보화 시대와 함께 열렸다. 소비자 중심의 시대가 도래한 것이다. 키보드를 누르기만 하면, 세계 각지의 각종 정보를 얻을 수 있다. 세상 밖으로 나가지 않고 모든 세상의 흐름을 파악할 수 있게 됐다.

인터넷을 통한 정보 공유의 시대는 정보와 뉴스에 대한 균등 배분(均等配分)의 시대인 것이다. 소비자는 인터넷을 통해 지식을 얻을 뿐 아니라, 발언권도 가지게 됐다. 소비자가 왕인 시대이므로 서비스의 품질에 기업의 운명이 결정되고, 방대한 상품 유통 조직인 네트워크를 이용한 비즈니스가 자연히 21세기 기업의 발전적인 비즈니스 모델이 됐다.

사람이 재산이다

소비자의 마음을 읽는 것과 네트워크를 장악한다는 것은 바로 시장을 장악한다는 뜻이다. 만약 당신이 소비자의 변화를 읽을 수 있다면, 당신은 돈의 흐름을 볼 수 있는 것이다. 시시각각 변하는 소비자의 변화를 읽기 위해서는 조직의 협력이 필수적이다. 결코 혼자서 할 수 없는 일이며, 조직 구성원 모두가 한 마음이 되서 한 목표를 향해 매진할 때만이 가능한 일이다.

좋은 학습 조건은 개인의 생각과 관념을 철저하게 바꿔줄 수 있다. 항상 감사하고 소중히 생각하고 능동적으로 공부하는 사람은 겸손할 줄 알고, 허리 굽혀 공부할 줄 안다. 한 번 배운 것은 반드시 실천해야 한다. 이럴 때만이 당신은 성공으로 나아가는 것이다.

학력과 경력도 중요하지만, 꾸준한 학습보다 더 중요한 것은 없다. 21세기는 학습능력을 가진 사람들의 시대다. 부(富)도 학습능력을 가진 이들에게 흐르고 있다.

67

EQ를 키우면 성공이 다가온다

EQ高最可能成功

다른 사람이 이겨내지 못하는 고통을 이겨낼 수 있는 사람, 다른 사람이 참지 못하는 화를 참을 수 있는 사람, 다른 사람들이 하기 싫어하는 일을 할 수 있는 사람, 이 사람은 훗날 다른 사람이 이루지 못하는 성공을 이룰 것이다. 이런 사람을 EQ가 높은 사람이라고 한다.

이미 오래 전 'EQ' 란 말이 유행했다. EQ는 '감성지수' 라는 뜻이다. 자신의 감정과 충동을 절제하고 남의 감정을 배려하며 인내심을 갖고 어려운 상황을 극복하는 것을 말한다. 어떠한 상황에서도 자신의 정서를 조절할 줄 아는 사람을 EQ가 높은 사람이라고 한다. 반대로 자신의 감정을 조절할 수 없고, 외부환경의 변화나 자극을 받았을 때 자신의 모든 감정을 조절할 수 없어 화산처럼 폭발하는 사람을 EQ가 낮은 사람이라고 한다.

EQ가 높으면 미래가 보장된다

요즘 기업에서는 인재를 등용하거나 승진 시 먼저 고려하는 것 중 하나가 EQ가 높은 사람이다. 반대로 직원을 감원시킬 때는 IQ가 뛰어나더라도 EQ가 낮은 사람이 감원의 대상이 된다.

한 명의 고급관리가 있다고 가정해보자. 능력은 높으나, 그의 성격으로 인해, 부하 직원에게 종종 화를 내며 격하고 굳은 표정으로 분위기를 딱딱하게 만든다. 거래처 사람들과는 불손한 말투로 인해 자주 시비를 일으킨다면 어떨까? 더 이상 동료들과 좋은 관계를 유지할 수 없고, 마침 이 회사의 사장이 바뀐다거나 회사 상황이 좋지 못해 직원을 감원하는 상황이 된다면 어떻게 될까? 자신의 감정을 조절할 수 없고, 성격이 원만하지 못했던 이 고급관리가 감원의 첫 후보가 될 것이다.

몇 년 전 세계적으로 유명한 대기업의 사장이 해고당했다. 그는 IQ가 매우 높았지만, 자신의 능력을 과신한 채 주위 사람들을 항상 비평했다고 한다.

EQ를 높인다는 것은 현대 직장인이 성공하기 위해 반드시 구비해야 할 조건이며 능력이다. EQ가 높은 사람만이 미래를 보장받을 수 있다.

EQ는 성공의 필수조건

　세계적으로 성공한 기업들의 공통점은 등용된 인재들이 좀처럼 타사의 스카우트에 응하지 않는다는 것이다. 그 이유는 기업들이 인재를 등용할 때 EQ가 높은 사람을 선호하기 때문이다. EQ가 높은 사람들은 정서적으로 안정되어 있고, 회사에 충실하며, 쉽게 타인의 영향을 받지 않는다. 그들은 자신의 목표를 항상 염두에 두고 있으며 사람들과 단결해서 일하기를 원하고 조직생활에 매우 협력적이다.

　다른 사람이 이겨내지 못하는 고통을 이겨낼 수 있는 사람, 다른 사람이 참지 못하는 화를 참을 수 있는 사람, 다른 사람들이 하기 싫어하는 일을 할 수 있는 사람, 이 사람은 훗날 다른 사람이 이루지 못하는 성공을 이룰 것이다. 이런 사람을 EQ가 높은 사람이라고 한다.

　비즈니스의 성공은 한 사람의 희생이나 노력으로 가능한 것이 결코 아니다. 조직 구성원 간의 좋은 인간관계와 화목한 조직 분위기, 단결정신이 있을 때 모든 조직 구성원은 자신과 타인의 성공을 위해 노력할 것이고 이럴 때 비즈니스는 성공하는 것이다.

　그러므로 EQ는 성공한 사람들에게 있어서 매우 중요하고 반드시 있어야 하는 필수조건인 것이다. 비즈니스의 성공은 높은

71

EQ를 가진 사람들의 경쟁에서만 가능하다. 높은 EQ를 가진 사람이 비즈니스 세계에서 두각을 나타낼 것이고, 그 비즈니스는 당연히 날로 번성할 것이다.

EQ가 높은 사람은 성공도 빠르다

EQ가 높은 사람은 먼저 마음이 넓고 도량이 크며 이해의 폭도 크다. 다른 사람의 비평에 흔들리지 않고, 실패의 압박감도 무서워하지 않는다. 타인의 차가운 시선에 여유로울 수 있다. EQ가 높은 사람은 다른 사람들과 쉽게 싸우지 않으며, 어떤 상황에서도 쉽게 화내지 않는다. 그래서 그들은 각종 장애를 넘을 수 있고, 각종 어려움에 끝까지 자신의 신념을 고수해 한 번 마음먹은 일은 실현시키고야 만다.

미국 루즈벨트 대통령은 EQ가 높은 사람이었다. 비록 39살에 소아마비에 걸렸지만 그는 실망하거나 좌절하지 않았다.

'내가 쓰일 곳은 반드시 있다.' 라는 굳은 믿음을 다지며 분투한 끝에 미국 대통령으로 당선됐다.

사업에 성공하고 싶다면 먼저 EQ를 높여라. EQ가 높을수록 성공으로 향하는 길도 빨라진다. 성공한 이들의 EQ는 대부분 높다. 그들은 보리 이삭과 같아서 익으면 익을수록 고개를 숙인다.

큰 바다는 산골짜기를 품을 만큼 마음이 깊으며, 수백 개의 강을 안을 수 있을 만큼 마음이 넓다. EQ가 높은 사람은 보리이삭처럼, 큰 바다처럼 겸손함을 가진 사람들이다.

EQ 높이는 5가지 비결

첫째, 자기 자신을 정확히 파악해야 한다

자신이 지닌 정서의 단점을 파악하고 있으면, 정서 불안의 원인을 해결할 수 있다. 정서가 불안할 때 본인이 바로 그것을 느낄 수 있어야 하고, 자신이 어떤 사람과 사물에 대해 반감을 나타내는지도 확실히 지켜볼 수 있어야 한다. 자신의 정서를 정확히 알고 나면 타인의 정서도 볼 수 있고, 자신에게 좋지 못한 영향을 미치는 사람이나 외부조건을 스스로 판단해서 피해나갈 수도 있다.

자신에게 성실해야 한다. 아직도 자신은 부족한 점이 많다는 것을 스스로 인정해야 한다. 큰 바다가 위대한 이유는 모든 하천의 가장 낮은 곳에 위치하기 때문이다. 항상 스스로에게 "나는

73

아직 많은 사람의 도움을 필요로 하고, 그러므로 항상 겸손해야 한다."고 다그쳐라.

'겸손' 이라는 두 글자를 가슴에 새겨두고 학습에 임해라.

일본이 선진국이 될 수 있었던 이유는 바로 일본인의 겸손 때문이라고 생각한다. 그들은 허리를 거의 90° 숙여서 인사한다. 이런 작은 생활 속의 모습들이 오랜 시간을 거치면서, 공손하고 예의 바르며 겸손한 일본 민족성으로 자리 잡게 됐다.

사람에게는 강직함이 있어야 하고, 거만함이 있어서는 안 된다. 강직함은 시간이 지날수록 당신의 인격을 더 성숙하게 만들지만, 거만함은 당신의 인격을 더 미숙하게 만든다.

세상에 독불장군이란 없다. 설령 대통령이라 하더라도 그를 지지해준 국민들이 없다면 당선되지 못한다. 성공이란 것은 자신의 노력만으로는 안 된다. 다른 사람의 도움 없이는 결코 이뤄낼 수 없는 것이다. 성공은 자신의 노력을 바탕으로 타인의 도움을 받아 실현시키는 것이다.

마음이 불안해지거나, 부정적이고 소극적인 자세가 될 때는 먼저 주위에서 가장 적극적이고 열정적인 친구에게 전화해라. 그 다음은 성격이나 생각이 가장 성숙된 친구에게 전화해라. 이렇게 한다면 당신은 안정된 정서와 열정을 다시 회복할 수 있고,

그들의 열정과 성숙된 인격에 당신도 모르게 감동받을 것이다. 격려와 자극 속에서 함께 성공하는 것이 가장 바람직한 모습이다.

둘째, 자신의 감정을 절제할 수 있어야 한다

자신의 정서를 제대로 파악할 수 있으면, 감정을 절제할 수 있다. 외부 조건에 흔들림 없이 자신의 감정을 절제할 수 있어야 당신이 꿈꾸는 미래를 창조할 수 있다. 우울할 때는 가능한 빨리 열정적인 친구와 만나고, 혼란스러울 때는 빨리 현명한 친구를 찾아라. 의기소침해질 때 자신의 감정 속에 빠지지 말고, 성공한 이들과의 교류 속에서 문제를 해결해라. 이것이 바로 성공의 비결이다.

정서가 불안하고, 큰 화가 가슴 속에서 일어나면, 먼저 상처받은 당신 마음을 위로하도록 노력하라.

'압박감이나 스트레스로 인해 정말 힘들었구나!' 하면서 자신을 다독여라. 그렇지 않으면 압박감이나 스트레스가 밖으로 표출되어 더 큰 문제로 발전한다. 항상 마음을 여유롭게 가져서 외부의 자극이나 스트레스에 민감하게 반응하지 않도록 노력하고, 안정된 정서를 유지하도록 힘써라. 아무도 당신을 화나게 할 수

75

없고 어떤 외부 조건도 당신을 의기소침하게 할 수 없다면 당신은 정말 강한 사람이고, 성공한 사람이다.

세상을 살다보면 누구나 화가 나거나 정서가 불안정해질 때가 있다. 이럴 때 효과적으로 자신의 감정을 억제하고, 안정된 정서를 유지시키는 것이 급선무다. 그렇지 않으면, 작은 화를 참지 못해 큰 계획을 그르치는 어리석은 짓을 하게 된다. 많은 사람들이 일시적인 충동으로 인해 종종 의외의 재난을 불러 일으킨다. 손해는 입지 않더라도 당신 이미지에 엄청난 손실을 가져올 수 있는 후회막급한 일이다. 그러므로 어떻게 당신의 감정을 잘 억제하느냐 하는 문제는 성공으로 가는 열쇠라는 사실을 명심하라.

셋째, 스스로 격려하라

자신의 감정을 잘 조절하는 것 외에도, 자신을 스스로 격려하고 인정하고, 사랑해야 한다.

매일 거울 앞에서 자신에게 이런 주문을 걸어라.

"이 세상에 하나 뿐인 나는 가장 소중한 존재이다. 반드시 성공한다!"

이렇게 사기를 북돋으면서 자신이 정해놓은 꿈을 향해 나아가라. 그러면서 항상 성공한 사람들과 교류를 가지고, 성공한 사람의 글을 읽고 그들의 강연을 들으면서 자신의 성공을 절대적으로 믿어라.

늘 열정적인 사람들과 함께 하면서, 낙관적인 사고를 길러라. 이런 생활을 이어간다면 당신은 정말 행복하다고 느낄 것이며, 이 행복함이 당신을 더 젊어지게 한다.

주위에 정서불안으로 당신의 도움을 필요로 하는 이가 있다면, 지난날 당신의 주위 사람들로 받았던 격려와 관심 그리고 사랑을 그에게 나눠줘라.

좋은 책을 가까이 두면서 읽는 것은 좋은 방법이다. 화가 나고, 마음이 불안할수록 좋은 사람과 좋은 책을 가까이 하면서 마음의 평정을 찾아라.

넷째, 다른 사람과 입장을 바꿔 생각하라

입장을 바꿔서 다른 사람의 마음을 느껴보라. 내가 원하는 것은 다른 사람들도 원하는 것이고, 내가 하기 싫은 일은 다른 사람도 하기 싫은 것임을 명심해라. 누군가가 나의 도움을 필요로 한다면, 마치 내 일인 것처럼 그 사람을 도와줘라. 그러면 상대방도 기쁠 것이고, 당신 역시 기쁠 것이다. 타인의 마음을 내 마음처럼 헤아릴 수 있다면, 그 사람의 성공을 내가 도울 수 있을 뿐 아니

77

라 내 성공도 그만큼 더 가까워지는 것이다.

다섯째, 원만한 인간관계를 유지하라

성공한 사람들은 모든 분야를 빈틈없이 돌보고 배려한다. 귀
와 눈을 최대한 열어 주위에 내 도움을 필요로 하는 이가 있는지
세심히 살펴보라. 성공한 사람들은 모든 이들과 원만한 인관관
계를 유지한다. 그들 모두에게 꼭 필요한 사람이 되라. 그렇다면
당신은 이미 성공 리더의 초석을 다진 것이다.

EQ가 높은 사람은 처세에 능하다. 그들은 원활한 인간관계를
유지하는데 탁월한 자질이 있는 사람이다.

항상 스스로 질문하고 확인해라.

자신의 정서를 정확히 이해하고 있는가?

감정을 절제하고, 자신을 격려하고 있는가?

타인의 입장에 서서 생각하고, 타인의 성공을 도울 수 있는가?

이 모든 것을 할 수 있다면, 당신은 훌륭한 리더가 될 수 있으
며 당신의 사업은 성공할 수밖에 없다.

학습으로 EQ를 올려라

EQ는 IQ처럼 선천적으로 타고나는 것이 아니다. 수학이나 영어 독해력처럼 자신의 부단한 노력과 학습으로 그 지수를 충분히 올릴 수 있다. 매일 좋은 책을 읽고, 긍정적인 생각을 해라. 성공한 사람의 지혜와 경험, 능력을 배워 당신의 것으로 만든다면 당신도 EQ가 높은 사람이 될 것이다.

79

EQ란 무엇인가?

EQ(Emotional Quotient)는 우리말로 '감성지수' 다. 감정을 절제하는 능력의 표준이 되는 것이다. EQ는 1990년 미국학자인 메이어와 샐로비가 처음 사용한 용어로, 1995년 다니엘 골만의 책 『Emotional Quotient』에서 EQ에 대해 자세히 설명하고 있다. EQ가 일에 미치는 영향뿐 아니라 EQ 지수를 올리는 법 등을 제시하면서 미국사회 각계에 엄청난 돌풍을 일으켰고, 미국의 저명한 여러 잡지에서 특집으로 보도되면서 새로운 학문 영역으로 인정받게 됐다. 이 책에서 골만은 인간의 이성과 지성, EQ와 IQ에 대해서 자세히 설명했다. EQ란 자신의 감정과 충동을 절제하고 남의 감정을 배려하며 인내심을 갖고 어려운 상황을 극복하는 것을 말한다. 학문적으로는 자신과 타인의 정서를 평가하고, 표현할 줄 아는 능력, 자신과 타인의 정서를 효과적으로 조절할 줄 아는 능력, 자신의 삶을 계획하고 성취하기 위해서 그런 정서를 활용할 줄 아는 능력으로 정의된다. 만약 IQ는 높지만 EQ가 낮은 경우라면, 그 개인은 능력을 크게 발휘할 수 없다.

IQ는 선천적인 것으로 지능검사 결과로 지능의 정도를 총괄할 수 있지만, EQ는 후천적인 노력과 학습으로 그 지수를 계속 상승시킬 수 있다.

잠자고 있는 당신의 위대한 능력을 깨워라

鼓勵可激發潛能

격려해주고, 칭찬해주면 바보도 천재로 만들 수 있다. 비난하고 힐책하면 천재도 바보로 변한다. 격려는 사람의 결점을 장점으로 바꾸는 힘이 있고, 자신감을 길러주어 잠재능력을 계발해준다.

타이베이 시에 소재한 한 초등학교에서 교장으로 근무하고 있는 황청일 선생님은 교육학 박사이자 교육심리학 전문가다. 그는 1997년 정년퇴직 후 자신의 도움을 필요로 하는 곳을 찾다가 정신장애아동 학교에 자원했다.

하루는 황 박사가 그곳의 한 선생님에게 물었다.

"어떤 동물이 가장 똑똑하다고 생각합니까?"

그러자 선생님은 이렇게 대답했다.

"돌고래입니다. 왜냐하면 돌고래는 사람의 말을 알아들을 수 있어서 다른 동물들이 하기 힘든 고난이도의 공연을 하기 때문입니다."

선생님은 말을 이었다.

"이 곳 정신장애아들의 IQ는 돌고래 보다 높습니다. 우리 모두가 그 아이들을 격려한다면, 이 아이들은 돌고래보다 훨씬 더 똑똑해질 수 있습니다. 특히 아이들의 장점을 살려 계발시켜 준다면, 돌고래 공연보다 훨씬 감동적인 사건들이 일어날 것입니다. 그것은 이 세상 모든 사람들은 태어나면서 쓰일 곳이 다 정해져 있기 때문입니다."

황 박사는 이곳에서 정신장애아동들과 함께 생활하면서 장애 아동들에게 정말로 필요한 것이 무엇인지 그는 확실히 깨닫게 되었다. 그것은 동정이나 연민이 아닌 관심과 격려였다. 정말 이들이 필요한 것은 바로 이 두 가지가 담긴 교육이었다.

격려는 잠자고 있던 잠재능력을 깨운다

이 세상 모든 어린이들에게는 주위의 격려와 관심이 절대적으로 필요하다. 격려는 한 사람의 잠재능력을 계발하는데 없어서는 안 될 중요한 요소다. 특히 리더라면 조직 안에서 능력이 조금 처지는 조직 구성원은 더욱 격려해야 한다.

정상적인 지능을 가진 아이가 살아가면서 주위의 관심이나 격려를 받지 못하고 성장한다면, 그 아이는 잠재능력을 전혀 계발하지 못하고, 저능아들과 비슷한 삶을 살아가게 될 것이다. 인재로 성장할 수 있는 아이의 재능이 매몰된다면, 그 아이 뿐 아니라 사회 전체적으로도 큰 손해가 아닐 수 없다.

대체로 부모들은 아이들의 학업성적에 관해 매우 엄격하다. 성적이 떨어졌을 때 부모들은 아이들을 격려하기 보다는 힐책하고 심지어 때리기까지 한다. 예를 들어 아이가 다섯 과목의 시험에서 네 과목은 100점을 받고 나머지 한 과목은 76점을 받았다고 가정해보자. 현명한 부모들은 아이가 받은 점수의 합이 500점 만점에 476점이란 것을 보고 아이를 격려하고 칭찬해준다. 더욱이 평균 점수는 95점이 넘는다. 그러나 어떤 부모들은 큰 숲을 보지 못하고 나무만 본다. 잃어버린 24점을 크게 보며 말한다.

"넌 어쩌면 그렇게 멍청하니? 이렇게 간단한 문제도 못 풀고……."

"네가 틀린 문제들은 이미 내가 백번 넘게 설명한 것이야. 어제도 이 문제를 설명해줬었지! 어떻게 또 틀릴 수가 있니? 정말 한심하구나!'

이런 식의 비난과 힐책으로 아이들을 궁지로 몬다. 아이들은 이런 부모를 보면서 자신감을 잃고, 더 의기소침해질 것이다.

만약 부모가 바라보는 시각을 바꾼다면 어떨까?

100점 받은 과목에 대해서 먼저 칭찬을 한다. 그런 다음 76점 받은 과목에 대해서 꼼꼼히 원인을 살펴보는 것이다. 이럴 때 아이들이 받는 느낌은 비난만 받는 느낌과는 완전히 다를 것이다. 모든 과목에 대해 자녀가 최선을 다한 것이었다면 76점의 과목에 대해서도, 76점 자체에 대해 칭찬해줘야 한다. 그리고 잃어버린 24점에 대해 아이와 같이 검토해보는 것이 현명한 교육방법이다.

이렇게 하면 아이들도 편한 마음으로 부모의 마음을 헤아릴 수 있고, 객관적으로 자신의 문제를 인정할 수 있다. 자신이 정말 어처구니 없게도 서둘다가 문제를 틀린 것인지 아니면 정말 부족한 부분이 있어서 문제를 틀린 것인지를 파악할 수 있을 것이다. 아이가 사실을 받아들였다면 문제는 심각하지 않다. 왜냐하면 아이 스스로도 이미 그 문제의 반쯤은 극복할 방법을 알고 있으며, 이제 시간만 주어진다면 문제는 해결될 것이다.

부모는 아이에게 스스로 문제를 발견하고 해결할 수 있는 시간과 환경을 제공해 줘야 한다. 그것이 최선의 교육이다.

아이를 키울 때 자주 격려해주고 칭찬하라. 자신감을 길러주고 부모가 앞서서 이끌려고 하지 말고, 도우미로서 아이의 성장을 지켜봐라. 이런 방법은 비난하고 힐책하고, 책임을 묻는 행위

보다 훨씬 효과적인 교육방법이다. 부모의 비난과 질책은 아이를 어둡고, 부정적이며, 의기소침하게 하고, 부모의 칭찬과 인정 속에서 자라는 아이는 긍정적이고, 적극적으로 크는 것을 우리는 주변에서 볼수 있음을 항상 명심하라.

『임금님과 오리발』은 격려와 칭찬이 아이들에게 얼마나 좋은 영향을 미치는가에 대한 우화 형식의 책이다.

옛날에 오리발 요리를 즐겨먹는 임금님이 있었다. 매 끼마다 오리발 요리가 있어야만 식사를 하는 임금님이었다. 그러던 어느 날 임금님은 이틀 동안 오리발이 두 개가 아닌 한 개가 올라오는 것을 발견하게 되었다. 임금님이 그 이유를 물었더니 요리사가 요즘 오리는 다리가 하나뿐이라고 대답했다.

이것을 믿지 않은 임금님은 바로 오리 사육장으로 달려가서는 오리들을 유심히 살펴봤다. 오리가 낮잠을 잘 때는 한 발만 땅을 짚고 잠을 자는데 임금님이 갔을 땐 마침 정오여서 요리사가 말한 것처럼 모두 한 발 뿐이었다. 그 때 갑자기 임금님이 박수를 치자 잠에서 깬 한 오리가 두발로 서고 말았다. 이것을 본 임금님은 매우 화를 냈다.

그러자 요리사가 재빨리 대답했다.

"임금님은 오리조차도 임금님의 손뼉에 기뻐하는걸 보셨습니다. 저는 임금님을 위해 4년 넘게 오리발 요리를 해드렸지만 한 번도 임금님께 칭찬을 받은 적이 없습니다."

재치 있는 요리사의 언변으로 훗날 임금님은 신하들에게 칭찬을 아끼지 않는 분으로 변했다.

'격려와 칭찬은 바보를 천재로 만들고, 비난과 질책은 천재를 바보로 만든다.'

부모의 격려 속에서 자란 아이와 비난 속에서 자란 아이의 성장 결과는 하늘과 땅 만큼의 다른 결과를 낳는다는 사실은 세삼 강조할 필요조차 없다.

아이의 마음으로 돌아가라

앞서 말한 황 박사는 교육계에 많은 문제점을 발견하고 이를 해결해 업적으로 남기신 분이다.

우리는 문제를 해결하는 능력을 선천적으로 갖고 태어난다. 그러나 지금의 교육환경은 아이들이 격려와 칭찬의 결핍으로 각자의 잠재능력을 제대로 발휘하지 못하고 있다. 많은 사람들이 많은 책을 읽고 있지만, 책 속에서 배운 다양한 지혜를 실천적으로 응용해 현실 속의 문제를 해결하는 사람은 드물다.

'알고 있으나 행하지 않는다!' 는 옛말처럼 앞 다투어 좋은 책만 읽을 뿐 생활에서는 전혀 실천하지 못하고 있다.

황 박사는 많은 격려와 칭찬을 먼저 실천해보라고 한다. 격려와 칭찬은 아이들에게 자유로운 사색의 공간을 제공해준다. 아이들에게 격려와 칭찬은 정체된 사고방식에서 벗어나게 해줄 수 있다. 자기 인생의 주인은 바로 본인이고, 삶의 여러 문제 해결의 능력을 길러 마지막 순간을 결정하는 일은 본인이 스스로 하도록 도와야 한다. 본인이 주인공인 삶의 주체자는 바로 자신임을 가르쳐 주어야 한다.

황 박사는 지금의 많은 성인들은 오히려 어린 아이들에게 많은 것을 배워야 한다고 주장한다.

『역경(易經)』이라는 책의 한 부분에 나오는 멍괘(蒙卦)의 주석을 보면 '비아구동몽(匪我求童蒙), 내동몽구아(乃童蒙求我)' 란 글이 있다.

이 글은 '내가 아이에게 무엇을 하라고 요구하는 것이 아니라, 아이의 요구에 내가 만족한다.' 는 뜻이다.

아이를 가르치려 하기 보다는 아이의 마음으로 돌아가 그들에게 배우자.

아이들에게 꿈과 성장의 공간을 만들어 주자

오늘날 교육의 문제점은 아이들이 격려와 칭찬의 결핍 속에서 성장한다. 지금의 아이들은 더 이상 꿈꾸기를 원치 않는다. 대부분의 부모들이 아이들에게 아름다운 꿈을 간직하라고 가르치지 않기 때문이다. 꿈을 크게 키우는 것을 주저하지 말고, 그 꿈을 생각하고, 꿈을 향해 나아가라고 가르치지 않는다. 이런 탓에 아이들의 잠재능력은 좀처럼 계발되지 못하고, 창의적인 사고능력도 많이 뒤떨어지면서 아이들의 사고는 흐르지 못하고 고이게 된다.

물과 진흙은 모두 무엇이든 조각 가능한 물건이다. 물과 진흙이 어우러져 끊임없이 변화하여 무궁무진한 모형을 만들어 낼 수 있다. 시멘트도 물과 진흙으로 만들어지지만, 시멘트는 경직되어 있고, 생명력이 없는 물건이다.

아이들을 교육할 때 아이들에게 반드시 꿈을 성장시키는 공간을 만들어줘야 한다. 아이들에게 딱딱하고 생명력이 없는 시멘

트를 제공하지 말라. 무한한 생명력과 변화를 가진 물과 흙을 주어 아이들의 끼를 마음껏 발휘할 수 있도록 해야한다. 도심의 회색빛 시멘트에 아이를 가두지 말고 아이들이 원하는 가지각색의 다양한 빛깔과 인생의 예술 작품을 스스로 만들게 하라.

공자 역시 '분노하지 않고, 마음속으로만 알고 표현하지 않으면 계발할 수 없다.' 면서 '계발식 교육' 을 항상 강조했다.

나는 사람들을 격려할 때 "당신도 할 수 있다. 당신도 가능하다. 당신은 반드시 성공할 것이다." 는 말을 종종 한다.

아이들에게도 항상 이런 말을 해주어 그들의 잠재능력을 가두지 말고 세상 밖으로 꺼내 주어야 한다.

89

잠재된 꿈을 현실로 만들어라

결점과 장점은 모든 사람에게 있다. 결점이 아무리 많은 사람이라 하더라도 결점보다 장점을 찾아 칭찬하라. 지렛대 원리와 마찬가지로 타인의 장점을 지렛목으로 해서 그의 결점은 멀리 밀어버려라.

격려와 칭찬을 통해서 사람의 결점을 장점으로 바꿀 수 있다.

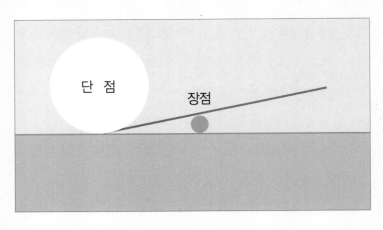

격려는 바보도 천재로 만들 수 있다.

　어리석은 사람은 인간관계에서 타인의 비난 한 마디만을 기억하고 나머지 99마디의 칭찬은 모두 잊어버린다. 동시에 타인의 99가지 장점은 보지 못하고 한 가지 단점만을 본다. 당신 눈에 타인의 장점이 보이는 것 만큼 당신의 마음도 그 만큼 넓은 것이다.

긍정적인 사고는 평생의 재산

可能思想是一輩子財富

좋은 생각과 신념은 사람에게 깨달음을 준다. 나는 종종 '하룻
밤의 재물은 하룻밤의 깨달음 보다 못하다.' 라는 말을 한다. 왜
냐하면 하룻밤의 재물은 작은 바람에도 날아 갈 수 있지만, 하
룻밤의 깨달음은 그것을 통해서 인생의 진리, 성공의 경험과 능
력을 길러줄 수 있다. 깨달음은 다른 사람이 나에게서 훔쳐갈
수도 빼앗아 갈 수도 없는 영원히 나와 함께 가는 동반자이자
아무리 써도 줄지 않고 다함이 없는 재산이다.

91

한 사람의 생각과 신념은 그의 행동을 전환시킬 수 있다. 행동
의 전환은 좋은 습관을 기르게 하고, 좋은 습관은 사람의 운명을
결정 짓는다. 즉 생각이 운명을 지배하는 것이다. 생각과 신념을
바꾼다면 그 영향력으로 당신의 일생을 바꿀 수 있을 것이다.

좋은 생각과 관념이라는 보물

기업이나 조직에서 가장 귀한 재산은 축적한 재물이 아니라,
구성원들의 생각과 신념이다. 사람의 생각이 사람의 도리를 알
게 하고, 능력을 기르게 한다. 이럴 때 재산은 자연스럽게 따라오

게 되고, 일생동안 꿈꿔왔던 이상은 실현되어 성공한 인생으로 인정받는 것이다.

자신의 생각과 신념을 '스스로 조각' 하라.

머리에서 발끝까지 철저하게 바꿔서 다른 사람으로 태어나라.

이것은 어떤 미용실이나 성형외과에서도 해줄 수 없는 것이다. 가장 완벽하게 생각과 신념을 성형수술 하라.

한 사람이 바뀌기 시작하면 그 조직이 바뀐다. 변화는 자신부터 시작해서 타인에게 영향을 끼치고 작은 곳에서 시작해서 큰 곳으로 나아간다. 결국 개인, 가정, 학교, 사무실, 나아가 전 사회가 영향을 받아 변화한다.

반딧불이 초원을 태울 수 있을까? 생각과 신념의 세계에서는 가능하다. 그러므로 개인의 영향력을 작게 보면 안 된다. 예수나 부처를 보라. 그 한 사람이 이 땅에 일으킨 영향력이 오늘날 전 인류에게 영향을 주고 있다. 당신의 심적 변화가 당신의 인생을 바꾸고 그 영향력으로 주위 사람들 모두를 바꿀 수 있다는 사실을 잊지 말라.

하룻밤의 부(富)는 하룻밤의 깨달음 보다 못하다

대만의 등엄(證嚴)법사는 사람을 도와주는 방법에는 3가지가 있다고 했다.

가장 하책(下策)은 돈으로 사람을 도와주는 것이고, 중책은 그에게 능력을 주는 것이며, 가장 상책은 그에게 올바른 생각과 신념을 주는 것이라고 했다.

'하룻밤의 재물은 하룻밤의 깨달음 보다 못하다.'

하룻밤의 재물은 작은 바람에도 날아갈 수 있지만, 하룻밤의 깨달음은 그것을 통해서 인생의 진리, 성공의 경험과 능력을 길러줄 수 있다. 깨달음은 다른 사람이 나에게서 훔쳐갈 수도 빼앗아갈 수도 없는 영원히 나와 함께 가는 동반자다. 또한, 그것은 아무리 써도 줄지 않고 다함이 없는 재산과 같다.

내가 종종 강조하는 말이 있다.

"선택은 노력보다 중요하다. 때문에 노력 앞에 선택을 두어야 한다."

"사람의 보폭이 크고 작음은 중요하지 않다. 중요한 것은 걸어가는 방향이다."

"학력과 재력은 끊임없는 학습의 노력보다 못하다."

93

"사업에 성공하고 싶다면 먼저 인격성숙을 완성하라."

"사람의 키가 크고 작고는 중요하지 않다. 그러나 사람의 시야는 거인보다 더 멀고 정확해야 한다."

"억만금의 재산은 은행통장에 있는 것이 아니라 사람의 생각 속에 있다."

"재물, 보석은 다른 사람이 훔쳐가거나 빼앗아갈 수 있지만, 좋은 사상과 신념을 몸에 익히면 아무도 훔쳐갈 수 없다."

"포기할 줄 알면 그것보다 몇 배의 것을 얻을 수 있다."

"적극적인 사고는 천하의 대세를 전환시킬 수 있다."

이런 계몽적인 사상이나 생각을 강조하는 지혜로운 어록들은 너무나 많다. 글자 하나, 구절하나가 모두 보석같이 값지고 아름다운 어록이다. 이런 글들은 사람들에게 새로운 사상과, 신념, 그리고 잠재능력 계발의 밑거름이 되는 지혜를 준다. 동시에 인생의 시야를 더 넓히고, 모든 이들의 생활 방식을 변화시키는데 도움을 주어 사람의 일생에 무한한 가능성을 제시한다.

사람들이 성공을 꿈꾸며 학습에 임할 때 자신의 생각과 관념도 생각하고 노력한 방향으로 바뀌어나간다. 세월이 흘러 이런 노력들이 쌓이면, 그 결과는 지금의 우리가 상상할 수 있는 그 이상의 것이 된다.

재물도 한마디 좋은 명언보다 못하다

'금옥양언(金玉良言)'

귀중한 말, 고귀한 의견을 비유하는 이 말은 금과 은도 한마디 좋은 말보다 못하다는 뜻이다. 금과 은은 단지 한 사람의 허영만을 만족시킬 뿐 타인을 도와줄 수는 없다. 그러나 한 마디 좋은 말은 그 안에 좋은 사상과 신념을 내포하고 있다. 사람을 영혼의 깊은 데까지 안내해서 깨닫게 해주고 무한한 감동을 준다. 마치 교육가, 정치가, 군인이 나라를 반드시 지킬 수 있는 것은 아니지만, 좋은 사상가는 국민의 마음을 움직여 나라를 구할 수 있는 것과 같다.

당신은 세상에 둘도 없는 유일한 존재다. 이런 당신을 낳아준 부모님께 항상 감사하고, 세상에서 유일한 당신의 존재를 소중히 생각하라.

그러나 매사에 스스로 옳다고 여기며 독선적이거나, 나와 다른 모든 것들을 경시해서도 안 된다.

만약 당신이 사회에 나와 공부를 하지 않았다면, 정신적인 성

95

숙은 없었을 것이고 사상과 관념은 고정되어 국한된 작은 환경 속에서 살아왔을 것이다.

사람은 과거에 얽매여서 살아서는 안 된다. 항상 미래를 보고 살아야 한다. 다른 사람들이 주위 환경의 여러 가지 사건들을 이야기 해줄 때 모든 일을 부정적인 시각으로 본다면, 당신은 자신의 마음 속 감옥에 갇혀 버린다. 사고는 그 감옥 안에 고정될 것이다.

사람은 자신의 생각에만 빠져 독선적이 되기 쉽다. 이런 사람들은 자신의 무지 속에서 세상을 바라보며 판단하거나, 현실을 고려하지 않고 자기 주관대로 행동해 버린다.

우물 안 개구리는 국제적인 감각과 세계관을 기를 수 없다. 우리의 생명은 순식간에 흘러가 버린다. 학습할 때 생전 처음 받는 수업이라는 마음으로 임한다면, 그 속에서 무한한 기쁨을 느낄 수 있을 것이다. 반대로 인생의 마지막 수업이라는 마음을 가진다면 그 나름대로 소중한 마음이 들 것이다.

내가 초등학교에서 교편을 잡고 있을 때의 에피소드를 소개하려 한다.

'나의 희망' 이란 주제로 글을 쓰는 작문 시간이었다.

소화라는 아이가 '나의 꿈은 세계 일주 하는 것이다.' 는 제목으로 글을 적었다.

다른 한 여자 아이는 '나의 꿈은 커서 소화랑 결혼하는 것이다.'는 제목으로 글을 적었다.

'나는 커서 소화에게 시집 갈 것이다. 왜냐하면 내가 소화에게 시집가면 소화는 나를 데리고 세계여행을 할 것이기 때문이다!'

어린 초등학생마저 선택하고 결정하는 비결을 알고 있다. 어른들은 인생에서 선택과 결정의 중요성을 무엇보다 우선 생각해야 한다. 부단한 노력은 올바른 방향의 선택과 결정 이후의 산물이다.

97

순간적인 깨달음으로 인생을 바꾼다.

사람이 자신의 인생을 바꾸고 싶거나 꿈을 이루고 싶다면 우선 삶의 깨달음을 얻어야 한다. 삶의 큰 깨달음을 얻으려면 먼저 큰 깨달음을 얻을 수 있는 환경 속에 있어야 한다.

태국에서는 원숭이를 잡을 때 입구가 작은 유리병을 사용한다. 큰 유리병 안에는 땅콩을 듬뿍 놓아둔다. 원숭이는 땅콩을 보자마자 흥분해서 손을 유리병 안으로 집어 넣지만, 땅콩을 잔뜩 집고 병에서 손을 빼려 해도 병 입구가 작기 때문에 주먹 쥔

손은 좀처럼 빠지지 않는다. 손에 쥐고 있는 땅콩을 버리면 병에서 손을 뺄 수 있는데도 원숭이는 절대로 땅콩을 포기하지 않는 것이다.

사람들은 이때 유리병에 손을 끼운 원숭이를 잡는다. 유리병 때문에 원숭이는 빨리 도망갈 수도 없고, 나무를 탈 수도 없어 결국은 사람에게 잡히고 만다. 작은 욕심을 버리지 못해 원숭이는 야자수를 따는 도구로 전락하여 평생 사람의 노예로 살아가는 것이다. 버릴 줄 알아야 얻을 수 있다.

많이 버리는 것이 많은 것을 얻는 것이다. 손 안에 있는 몇 개의 땅콩을 버릴 수 있어야, 인생의 무한한 가능성을 얻을 수 있는 것이다. 지금 우리는 자기의 손에 나도 모르게 잡고 있는 내 마음 속의 땅콩은 없는지 살펴봐야 한다.

'소견소문(所見所聞)' 이라는 네 글자는 운명을 뒤바꾸기도 한다. 좋은 것을 많이 보고 좋은 말을 많이 들어라. 당신의 눈과 귀를 최대한 활용해서 성공한 이들의 선행을 보고, 강연을 들어라. 이런 기회들을 쌓아서 성공으로 가는 지름길로 만들어라.

"올바른 사람이 되는 것은 쉽지만, 일에 올바르게 대처하기란 어렵다. 성장은 쉽지만 성숙은 어렵다."

옳은 말이다. 사람이 일을 도모하는 것은 쉽다. 하지만 그 일을 원만하게 처리하는 것은 어렵다. 사회에 나와서 배우지 않으면, 가장 가까운 부부마저도 서로의 마음을 헤아리기란 어려운 것이다. 자식의 교육문제도 서로 합의점을 찾지 못하게 되고, 이런 가정은 원만할 수 없고 고민과 문제들만 가득 찬 가정이 되고 만다.

사람은 반드시 즐겁고 쾌적한 환경 속에서 적극적인 사고를 배양할 수 있다. 길이 가깝다 하더라도 가지 않으면 도착할 수 없고, 일이 작다하더라도 행하지 않으면 성사시킬 수 없는 법이다. 이제 더 이상 "불가능해!", "할 수 없어!"라는 말은 하지 말자.

99

다시 앞으로 나아가라

사람이 항상 자신의 문제 속에 빠져 생각이 정체된다면, 꿈을 실현할 수 없다. 좋은 생각은 한 사람의 행동뿐만 아니라 인생을 완전히 바꿀 수 있는 것이다. 바뀐 행위는 좋은 습관을 만들고, 좋은 습관은 사람의 운명을 바꾼다.

생각이 바뀌면, 평범한 생활 속에서도 성공할 수 있다는 가능성을 믿게 된다.

'영웅은 신분이 낮음을 부끄러워하지 않는다.' 는 중국 옛 속담이 있다.

지금부터 소개하는 3가지 이야기로 자신의 신념을 다지는데 활용하기 바란다. 그리고 당신의 삶을 향해 앞으로 나아가라.

첫째, 영웅불파출신저(英雄不怕出身低-영웅은 신분이 낮음을 부끄러워하지 않는다)

나는 대만의 매우 작은 섬에서 성장했다. 그러나 지금은 커다란 무대에 우뚝 서서 수많은 사람의 박수와 갈채를 받으면서 살고 있다. 그러므로 사람의 출생이나 신분은 중요하지 않다. 중요한 것은 그 사람의 생각과 관념이다. 당신이 적극적인 사고와 신념 그리고 멀리 볼 수 있는 시야로 당신이 생각하는 자신의 한계에서 벗어나라. 그리고 보다 높은 목표에 도달하기 위해 힘쓴다면 당신은 반드시 성공할 수 있다.

둘째, 젊어도 성공할 수 있다

21세기는 젊은이의 시대다. 한 나라의 국운을 바꾸려면 청년의 사고부터 바뀌어야 한다. 성공은 4~50대만의 전유물이 아니다. 좋은 환경을 찾고, 좋은 스승을 만나고, 성공한 이들의 경험과 노하우를 배운다면 성공까지 도달하는 시간과 거리를 단축시킬 수 있다. 젊어서의 성공은 결코 아득히 먼 길이 아니다. 기회는 바로 당신의 곁에 누워 잠자고 있으며 실천하는 자만이 이것을 깨워 누릴 자격이 있다.

셋째, 꿈은 아름다운 것이다

인류는 꿈이 있어서 위대한 것이다. 이 세상에는 생각하지 못한 일이 있을 뿐, 할 수 없는 일은 결코 없다. 큰 꿈을 갖고 크게 생각하라. 그리고 망설임 없이 행동하라. 당신도 앞서 성공한 수많은 사람들처럼 인생의 꿈과 이상을 현실로 만들 수 있다.

101

부단한 학습으로 마음을 굳혀라
學習才可能心定

"타인에게 권력을 행사하는 이가 되지 말고 영향력을 주는 이가 되어야 한다. 권력은 공허한 것이지만, 영향력은 영원히 변하지 않는 것이기 때문이다."

학습을 통해서만 마음을 굳힐 수 있다. 마음을 굳히고 나서 학습에 임하겠다는 생각은 하지 말라.

나는 아이들의 학습과정을 매우 중요하게 생각한다.

'맹모삼천지교(孟母三遷之敎)'의 가르침처럼 나 역시 아이들에게 항상 가장 좋은 학습 환경을 만들어 주려고 노력하고 좋은 곳이 있으면 반드시 아이들을 데려간다. 나는 아이들과 가능한 많은 시간을 보내면서 그들에게 좋은 학습 환경을 제공하려고 노력한다. 특히 아이들에게 메모하는 습관을 기르게 하고, 무엇보다 배움의 중요성에 대해서 많은 이야기를 한다.

내 아들 정우가 군복무를 할 때 미리 메모해 둔 내 강연 내용을 항상 성경처럼 몸에 지니고 다녔다고 한다. 그것은 아들에게 정신적 나침반이 되었을 뿐 아니라, 대인관계 속에서 항상 타인을 도우려는 마음을 유지시켜 줬으며, 결국 이런 모습을 통해 주위 사람들에게 많은 호감을 사게 되었다고 한다. 아마 그럴 때 내 아들은 조금씩 부모의 영향력을 몸으로 느꼈을 것이고, 자신의 아이를 교육할 때도 보통 사람들과는 다른 영향력을 아이들에게 미칠 것이다. 이런 모습만 보더라도 부모의 역할은 다른 무엇보다 중요하다.

사실 정우는 한 때 나를 이해하지 못했다. 왜 다른 엄마들처럼 집에서 아이들의 하교를 기다려 주지 않고, 강연 스케줄로 바쁘게 뛰어다니는지, 대부분의 시간을 다른 이들에게 소비하는지, 왜 더 많은 시간을 자식들과 함께 하지 않는지…… 등등.

이 모든 것들을 그 아이는 이해하지 못했다. 그래서 정우는 힘들어했고 좀처럼 엄마를 이해하려 하지 않았다. 무엇보다 엄마의 사랑을 자신이 독점하지 못하고 타인들과 나눠야 한다는 생각에 정우는 어긋난 길로 가려 했고 내 말은 좀처럼 들으려고 하지 않았다.

사심 없는 사랑과 헌신

정우가 커서 성인이 되면서 조금씩 엄마를 이해하게 됐다. 엄마가 작은 사랑을 박애정신의 큰 사랑으로 키워 사심 없이 최선을 다하여 타인을 돕는 것을 보면서 아들의 마음도 열리게 됐다. 비록 엄마가 대부분의 시간을 다른 사람을 위해서 쓰지만, 가장 사랑하는 사람은 본인 자신이란 것을 뒤늦게 알게 됐다. 독수리가 새끼를 키우듯 나는 항상 아이들을 데리고 다니면서 아이들이 자연스럽게 학습능력을 몸에 익혀 자유롭게 두 날개를 펴고 하늘을 날아다니길 원했다. 내 도움을 필요로 하는 이가 있다면 나는 최선을 다해서 그들을 도왔고, 훗날 그들은 내게 받은 사랑과 관심을 정우에게 돌려주었다. 정우는 엄마 사랑 뿐 아니라 많은 이들의 사랑을 한 몸에 받으면서 성장할 수 있었다.

105

책임감 있는 사람이 성공한다

부대 안에서의 임무는 매우 힘든 것이었다. 그러나 정우는 고생을 단순히 힘들다고 생각하기 보다는 자신의 성장을 돕는 큰 경험이라고 생각했다.

'책임감이 있어야만 올바르게 성장할 수 있다. 능력은 고생과 희생을 전제로 길러지는 것이다. 어려움을 겪어보지 못하면 연약해져 큰일을 해내지 못한다.' 는 내 말을 항상 가슴에 두었다고 한다.

나는 종종 정우에게 말한다.

"영향력 있는 사람이 되어야 한다. 권력 있는 사람은 되어서는 안 된다. 권력이란 공허한 것이지만 다른 사람을 감화시킬 수 있는 영향력은 영원한 것이다."

이 말은 정우가 부대에서 타인을 위해 희생하고, 그 아이의 도움을 필요로 하는 이는 사심 없이 도우며, 영향력 있는 사람으로 자리매김하는데 큰 역할을 했다.

지난날 정우는 시간을 아껴 공부하려 하지 않았다.

"반듯한 직장을 먼저 구하고, 모든 것이 안정된 다음 공부를 다시 시작하겠다."는 말을 입버릇처럼 했다.

하지만 나는 "먼저 공부를 시작해라. 공부를 통해서 네 마음을 더 명확하게 다져라. 모든 것이 안정된 후에 공부하겠다는 말은 하지마라."고 충고했다.

먼저 마음을 정하고 생활이 안정된 다음 공부하겠다고 한다면, 그 사람은 공부하면서 좀 더 성장할 수 있는 좋은 기회를 잃어버리는 것이다. 공부하지 않는 사람은 문제의 현명한 해답을 찾아내지 못한다. 문제가 발생하면 하루 종일 자기 생각에 갇혀 문제를 객관적으로 폭 넓게 보지 못하게 된다. 매번 자기식대로 문제를 해결하게 된다. 그렇다면 인격적인 성숙이나 성장은 이루어 질 수 없다.

독수리식의 교육

내 딸아이도 처음엔 학습의 중요성을 깨닫지 못했지만, 시간이 흐르면서 조금씩 학습의 중요성에 대해서 이해하게 됐다. 사실 나는 딸아이에게 한번도 어떤 일을 꼭 해야 한다고 강요한 적은 없다. 단지 학습의 중요성에 관해서만 항상 이야기해왔다. 우선 나 자신이 솔선수범이 되어 열심히 학습하는 모습을 보이려했다.

대부분의 부모들은 자녀들에게 '어미닭식 교육'을 한다.

어미닭은 매일 병아리들이 배불리 먹을 수 있도록 먹이를 먹이고, 어린 병아리들을 자신의 날개 속에서 안전하게 기르려고 한다. 어미의 날개 속에서 어미가 주는 음식을 먹고 사는 병아리들은 안전하다. 그러나 병아리는 자신만의 능력을 기를 수도 없고, 바깥세상이 어떠한지도 전혀 알 수 없으며, 고생이란 것도 맛볼 수 없다. 난 아이들의 교육에 있어서는 '독수리식 교육'을 한다. 어미 독수리는 어린 독수리와 함께 넓은 하늘을 두 날개로 누비며 날아다닌다. 어린 독수리에게 생존능력을 길러줄 뿐 아니

107

라, 넓은 세상의 위대함도 함께 보게 해준다.

　한 번은 딸아이를 데리고 명품점을 간 적이 있다. 옷을 골라 딸아이에게 직접 그 옷을 사 입으라고 했다. 그러나 그 옷이 너무 비싸 자신의 주머니에 있는 돈으로는 충분하지 않아 살 수 없다고 했다.

　난 그 자리에서 "이 옷이 비싼 것이 아니라, 네가 돈이 없는 것이다. 네가 돈이 없다는 것은 네가 능력이 없다는 것이고, 능력이 없다는 것은 네게 좋은 스승이 없다는 것이다."라고 말했다.

　물건이 비싸고 싸고는 물건 가격 자체에 있는 것이 아니라, 당신 지갑에 따라 비싸고 싼 것이 결정되는 것이다. 이백만 원 남짓 하는 명품가방을 사려할 때 만약 당신 월급이 이백만 원이라면, 그 명품 가방은 당연히 비싸게 느껴질 것이다. 그러나 월급이 가방가격보다 훨씬 많다면, 그 가방은 당신에게 싼 것이다. 명품가게에서의 일은 딸아이에게 많은 충격을 줬고, 그 아이는 많은 것을 깨닫게 되었다.

　이것이 내 교육방법이다.

겸손한 마음으로 학습한다면 삶 전체를 바꿀 수 있다

큰 아들은 어릴 적 말을 더듬는 아이였다. 항상 사람들에게 놀림을 당했고, 표현력이 좋지 않아 말로 문제를 해결할 수 없을 때는 쉽게 사람들에게 주먹을 휘둘렀다.

당연히 학교에서는 문제 학생으로 낙인 찍혔다. 이 아이도 훗날 부단한 학습으로 모든 장애와 문제로부터 자유로워졌다. 지금은 강연 무대 위에서 조금도 흐트러짐 없이 자신의 이야기를 조리 있게 이야기할 줄 아는 뛰어난 언변가로 성장했다. 그리고 예의가 바르며, 태도도 조용하고 침착해서 많은 이들에게 사랑을 받는다.

처음 내가 큰 아들에게 학습을 권유했을 때 이 아이도 좀처럼 내 말을 들으려고 하지 않았고 학습의 중요성을 알려고 하지 않았다. 미국의 큰 도시에서 강연이 있을 때마다 큰 아들을 함께 데리고 갔다. 그곳의 수많은 박사, 석사 등 최고의 엘리트들이 겸손하게 공부하는 모습을 보면서, 그제야 큰 아들은 학습의 중요성을 깨달았다.

나는 종종 큰 아이에게 말했다.

"사람에게 있어서 가장 큰 위기는 위기의식 자체를 모르는 것이다. 21세기를 사는 이들에게 가장 큰 위기는 자신보다 성공한 사람들이 자신보다 더 많은 노력을 기울여 공부하고 있다는 것이다."

지금 우리 큰 아들은 누구보다 엄마의 마음을 잘 헤아리고, 엄마의 노력과 공부에 깊이 감화했다.

특히 백만장자가 거액의 돈을 아끼지 않고 자식에게 좋은 스승을 찾아주기 위해 노력하는 이야기를 해 주었을 때는 깊은 감동을 받았다. 모든 부모는 자식이 자라서 세상의 인재가 되기를 원한다. 큰 아이는 이런 부모마음을 알아주었고 나의 노력에 감사했다.

우리 큰 아들이 감동 받은 이야기 내용을 잠깐 소개한다.

옛날에 한 은행총재가 임종하기 전 남긴 유서 내용이다. 늙은 은행총재는 자신의 유산중 반을 은행의 젊은 총재에게 남기겠다고 했다. 대신 한 가지 조건이 있었다. 그것은 젊은 총재가 회의에 들어갈 때 그의 아들이 필기도구를 지참해서 회의에 참석해 젊은 총재의 생각과 경험을 배울 수 있게 해 달라는 것이었다.

현재 큰 아이는 엄마에게 감사할 줄 안다. 그 아이가 내게 감사하는 이유는 내가 많은 재산을 남겨주었기 때문이 아니라, 좋은 스승과 좋은 학습 환경을 만들어주어 스스로 단체 속에서 지혜를 쌓을 수 있게 하였기 때문이다.

용감하게 앞으로 나아가면 행복은 뒤따라오기 마련이다

우화 한 가지를 소개하고자 한다.

두 마리 고양이가 있었다. 이 두 마리는 모두 행복은 자기 꼬리에 있다고 믿었다. 그 중 새끼 고양이는 늘 자기 꼬리를 물고 제자리에서 빙빙 회전했다. 어미 고양이는 작은 고양이가 항상 그 자리에서 맴도는 모습을 지켜보면서 말했다.

"행복은 네 꼬리에 있다. 너는 행복하게 앞으로 달리기만 해라. 네 꼬리는 항상 너와 함께 있으니 행복은 항상 너를 따라 갈 것이다."

111

대부분의 사람들은 자신의 직업에 불만을 가지고 있다. 그래서 자식들이 자신의 직업을 전수하기를 원하지 않는다. 만약 한 가지 사업을 가족 모두가 공부하고 심혈을 기울여 정성을 쏟는다면, 가족 모두가 용감하게 앞으로 나아갈 것이고 행복은 자연스레 그 뒤를 따라 평생을 함께 할 것이다.

이렇게 모든 이의 꿈이 실현된다면 얼마나 좋은 일인가?

與其讓生命生鏽,
不與讓生命發光發熱
생명을 녹슬게 하지 말고,
그 빛을 다 발산하게 하라

훌리첸의 학습(學習)으로 나누고 싶은 富

성공의 향한 4가지 지름길

可能成功的四定論

먼저 학습하고, 신념을 다져라

공부하면서 자신의 신념을 더 굳게 다져라. 마음을 정한 후 공부해서는 안 된다.

성공하려는 이들에게 성공의 4가지 열쇠를 소개한다.

첫째, 정심(定心)— 마음을 정하라

사람은 학습으로 마음을 정할 수 있다. 마음을 정한 후에야 냉정히 문제를 생각할 수 있고, 미래를 계획할 수 있다. 사람에게는 야심도 있어야 한다. 하지만 너무 욕심이 과하면, 마음을 편히 가질 수 없고, 성공할 수 없다.

둘째, 정위(定位)— 목표를 정하라

목표를 설정하기 위해서는 먼저 자기 인생의 타당하고 명확한 목표를 정해야 한다.

노력하면서 그 속에서 방향을 찾아라. 타인의 차가운 시선을 두려워 말라. 남을 의식하지 말아야 설정한 계획이 실행 가능하고, 끝까지 흔들림 없이 견지할 수 있다.

셋째, 정시(定時)- 시간을 정하라

매일 시간을 정해 책을 보고 정해진 일들을 해나가라.

반드시 자기 삶에서 소중하게 생각하는 일을 먼저 하라. 좋아하는 일과 인생에 있어 소중한 일은 다를 수 있다. 이런 행위가 습관이 되도록 하라.

넷째, 정점(定點)- 집중할 지점을 정하라

목표를 설정한 후 그것을 시행할 정점을 정하라. 천리 길도 한 걸음부터다. 먼저 자신의 집, 고향에서 시작해서 먼 곳으로 넓혀라. 100분이라는 시간을 한 사람에게 그리고 한 곳에 투자하라. 100분을 100명에게 그리고 100가지 장소에 투자하는 것보다 훨씬 현명한 방법이다.

좋은 스승과 친구를 소중히 여겨라

성공하려는 사람은 이 말을 유의하라.

'스승을 중요하게 여기는 사람은 왕이 되고, 친구를 소중히 여

기는 사람은 제후가 되며, 자신을 소중히 여기는 사람은 반드시 망한다.'

고대부터 지금까지 많은 제왕들의 흥망성쇠와 승패를 가늠할 때 모두 이 세 구절에서 그 해답을 찾았다.

예로부터 나라의 스승을 존경하고, 오래된 신하를 중히 여겼으며, 임금의 잘못을 직간하는 신하를 아끼는 군주는 모두 훌륭한 임금들이었고, 그 나라는 태평성대를 이루었다. 그 예로 '당태종'에게는 '위미(魏微)'라는 신하가 있었기에 지금까지도 당태종을 명군이라 일컫는다. 또 '대만 경영자의 신'이라 불리는 '왕영경'도 모든 이들에게 예의와 겸손으로 대했고, 스승을 존경했기에 거대한 기업왕국을 만들었다.

좋은 스승과 친구 사귀는 것을 기쁨으로 아는 사람은 주위 벗들과 동고동락할 수 있고, 어려움을 함께 극복할 수 있다. 자신의 사업을 성공으로 이끌 뿐 아니라 여러 사람을 성공으로 함께 이끌 수 있다.

반대로 마음이 편협하고, 이기적인 사람의 결과는 인간관계에서 실패할 뿐 아니라, 그 사업에서도 실패한다.

세상을 끌어안는 포용력과 당신의 비즈니스는 비례한다!

115

성공한 사람들과 함께하라

羅漢請觀音

성공한 이들을 초대해서 함께 식사하라. 당신이 지불하는 식사비 이상의 효과를 얻을 것이다. 성공한 이와 함께 식사하면서 그의 성공 노하우와 마인드를 배우게 된다면, 식사비가 아무리 비싸도 그것은 충분한 가치가 있다. 당신은 그에게서 성공의 과정 속에서 우러나온 경험과, 성공 노하우를 배우게 될 것이다.

세상에 공짜 밥은 없다. 성공한 이들의 선행과 경험을 배우려 한다면, 그 대가를 치르는 것을 아까워 하지 마라.

먼저, 성공한 이들에게 질문하고 배워라

옛날 학생들은 스승에게 지식이나 기능을 배우려 할 때 공손한 태도로 배움을 청했으며 사례금도 함께 준비했다. 공손한 태도와 사례금으로 스승의 지혜와 능력을 배우려는 뜻을 나타낸 것이다.

꼭 성공하고 싶다는 집념이 있다면, 성공한 이들의 생각과 신념 그리고 성공 노하우를 배우고 싶다면, 그들과 가까워질 수 있는 모든 방법을 찾아라. 성공한 사람의 강연을 듣는 것도 좋고, 이런 저런 방법을 동원해 성공한 이들을 식사 시간에 초대해 보는 것도 좋다. 함께 식사하면서 그들과 많은 이야기를 나누어 보는 것도 좋은 경험이 된다. 이런 노력들이 오랜 시간 계속되면, 당신도 모르게 성공한 이들의 생각과 신념이 몸에 배게 되고, 성공 노하우도 배우게 된다. 자연히 당신도 성공으로 향하는 것이다.

비행기의 비즈니스 석에 앉는 사람들은 보편적으로 성공했다고 불리는 사람들이다.

비즈니스 석에 앉는 사람들은 생각이나 신념이 일반 사람들과는 다를 것이라고 생각한 어떤 사람이 그들에게 반드시 배울 점이 있다는 생각으로 큰 맘 먹고 비즈니스 석을 예약했다. 그는 비즈니스 석에 앉아 승객들을 한 사람씩 관찰했다. 사람들의 대화 내용을 유심히 들어보면서 그는 성공한 사람들의 생각과 신념들을 배우기 위해 노력했다. 이런 노력으로 그가 비즈니스 석에 투자한 돈 이상으로 큰 돈을 벌었으며, 그 역시 성공한 사람이 되어 비즈니스 석 손님이 됐다.

성공한 이들을 초대해서 함께 식사하라. 그 사람에게서 당신이 지불하는 식사비 이상의 것을 얻을 것이다. 성공한 사람과 함께 식사하면서 그의 성공 노하우와 마인드를 배우게 된다면, 식사비가 아무리 비싸도 그것은 충분한 가치가 있다. 왜냐하면 당신은 그에게서 성공의 과정과 경험 그리고 방법을 배울 수 있기 때문이다.

작은 투자와 큰 수확

당신이 성공한 사람들과 함께 있을 때 그들의 능력과 성공의 경험을 배우게 된다면 백 번, 천 번, 심지어 만 번의 스테이크를 대접한데도 그 이상의 가치를 당신 것으로 만들 수 있다. 적게 투자해서 큰 수확을 얻어라. 적은 자본으로 큰 수확을 얻는 이 일을 왜 하지 않는가? 성공한 사람들의 비법을 배우기 위해 투자한다는 생각 외에도 그들에게 감사하고 훗날 다른 이들에게 당신의 성공을 나눠주겠다는 마음을 가져야 한다.

'군자와 나누는 한 차례의 대화가 10년 읽는 책보다 낫다.' 는 말이 있다.

성공한 사람들과 함께 식사할 때 중요한 것은 무엇을 먹었느냐가 아니라 그 기회를 통해 성공한 사람의 생각과 경험을 당신

것으로 만들었느냐하는 것이다. 21세기를 살아가는 사람들에게 가장 큰 함정은 자신이 자만의 함정에 빠진 줄도 모르고 공부하지 않는 것이다.

학습은 이 세상에서 가장 힘이 되는 강력한 도구다. 아무도 가져갈 수 없도록 당신 두뇌에 투자해라. 일본이 지금처럼 강대국이 된 이유 중의 하나는 '재교육'의 중요성을 알고 있었다는 것이다. 진리는 변하지 않지만, 시대는 변한다. 사상과 관념을 바꾸지 않으면 하루가 다르게 급변하는 시대에 성공하기란 힘들다.

나는 일생동안 무에서 유를 창조했고, '0(제로)'에서 '무한대(∞)'를 만들었다. 나는 평범한 생각과 관념을 항상 거부해왔고, 계속 새로운 것을 창조하려 노력해왔으며 항상 성공한 이들에게 무엇인가를 배우려 했다.

그런 내 노력의 산물이 지금의 성공이다.

누구든지 학습하고 자신의 모습을 바꾸기를 갈망하라.

성공하고자 하는 가장 큰 이유를 항상 잊지 말자.

성공의 모델을 정하라

목표를 정하는 것은 인생에서 매우 중요한 일이다.

만약 당신이 나뭇잎이라면 작은 바람에도 땅에 떨어질 것이다. 겨울이 오면 잎은 모두 떨어져버릴 것이다. 만약 당신이 나무의 줄기라면 많은 나뭇잎을 거느릴 수 있고, 잔가지가 떨어지더라도 그 줄기는 영원히 생존할 것이다.

성공한 사람들을 본받기 전에 우선 자신은 성공할 사람이라는 신념을 확립해야 한다. 마치 맥도날드의 위상처럼 햄버거만 보면 맥도날드를 생각할 수 있어야 한다. 먼저 자신의 성공 모델을 찾아라. 그리고 그를 분석하고 그의 생각이나 신념을 배우려고 노력하라. 성공한 사람들의 사상과 신념을 자신의 DNA로 바꾼다고 생각해라. 그렇다면 당신은 성공한 사람들과 생각이나 신념까지 일치하게 될 것이다. 그리고 성공한 사람들의 시간 사용법, 또는 일과 일 사이의 보폭과 일의 강도를 조절하는 것까지도 체크하라. 성공한 사람들의 문제 해결 방법에 따라 한 걸음씩 나아가면 성공의 목적지에 도달할 것이다.

앞으로 전 세계적으로 경기의 흐름에 상관없이 호황을 이룰 업종은 여러 사람의 힘으로 큰 비즈니스를 이루는 것이다.

미래는 조직의 역량을 강화하고 많은 사람의 힘을 모아야 큰

121

비즈니스의 성공을 이루어 낼 수 있다. 여러 사람의 힘으로 하는 큰 비즈니스는 무엇일까? 그것은 바로 성공한 사람들의 말을 그대로 믿고, 성공한 사람들의 방법대로 일을 추진해보고, 시간을 낭비하지 않으며, 보다 빨리 깨달음을 얻기 위해 노력하는 것이다.

사업에 대해서 문제점 자체를 모르는 사람, 또는 문제를 눈앞에 두고도 해결하지 않는 사람은 이 사업에 참가하지 않는 것이 좋다. 그들은 평생 동안 성공을 알 수 없고, 항상 후회 속에서 살게 된다. 매사에 제3자가 되어 문제를 방관하는 사람, 문제를 발생시키는 사람들은 아쉽지만 다음 생에서나 겨우 성공할 수 있을 것이다.

자신의 미래와 만나라

현명한 사람은 일생동안 두 부류의 사람들과 친분관계를 맺는다. 첫 번째는 이미 성공한 사람들이고, 두 번째는 지금 성공을 준비하는 사람들이다.

자신감은 지식과 경험이 어우러져 만들어지는 것이다. 당신이 성공한 이들에게 가까이 가서 그들에게 많은 것을 배우려 한다면 당신은 성공의 자신감과 경험을 가지게 될 것이다. 이런 전제 조건들이 마련된다면 성공은 자연스럽게 이루어질 것이다.

사람의 일생은 이견(二見), 즉 두 가지 시각에 의해서 그 운명이 결정된다. 두 가지 시각이란 원견(遠見)과 의견(意見)이다. 먼저 당신의 식견이 깊고 원대하다면, 당신은 원견을 가진 사람이어서 자신의 미래를 볼 수 있을 것이다. 두 번째 의견은 어떤 면에서 보면 아직 값어치가 없는 상품이다.

아직 배울 것이 많음을 스스로 인정하라. 그리고 조심하라. 당신의 성숙되지 않은 의견으로 당신의 큰 꿈을 잃어버리는 일이 발생하지 않도록…….

내가 성공할 수 있었던 원인은 성공한 이들을 모방하고 배운 것 외에도, 타인의 소극적인 생각에 영향을 받지 않도록 늘 조심했고, 내가 생각하는 것을 항상 확고히 했으며 정확한 목표를 정하고, 목표에 도달하는 정확한 방향으로 질주했기 때문이다.

과거의 무지를 버려야만 지혜의 전당으로 들어갈 수 있다. 단체 학습 속에서 하는 성장만이 생명을 더 건강하게 하고 성숙에도 가속이 붙는다.

提升心境才能改變環境

마음을 한단계 높은 차원으로 올려야만

자신의 환경도 변화시킬 수 있다

124

지혜, 그 무한한 영역으로의 산책

行走在智慧領域中

> 부처님이 행한 선행을 바로 배워 실천하는 것이, 절에 가서 기
> 도하고 불경을 읽는 것보다 낫다. 불상 앞의 향에 불을 붙이기
> 보다는 당신 마음속에 있는 희망의 촛대에 먼저 점화하라. 생명
> 이 그 빛을 다하게 하고, 당신의 도움을 필요로 하는 이를 위해
> 먼 길을 마다 않고 떠나라.

태국에서 부동산 사업을 크게 하는 제자가 있다. 그녀는 교사
시절 내가 가르쳤던 학생 중 하나였다. 어느 날 사랑하는 이와 헤
어지면서 그녀는 세상을 실망의 눈으로 보기 시작했고, 자신감
을 완전히 잃게 됐다. 그녀는 출가하기로 마음 먹었고, 출가하기
바로 전날 나를 찾아와 조언을 구했다. 결국 내 조언은 그녀를 감
동시켰고 그녀의 인생관을 바꾸게 만들었으며, 나아가 그녀의
인생을 바꿨다.

사람들 속으로 들어가 학습하라

나는 그녀에게 말했다.

125

"네가 사랑을 잃었다고 해서 모든 것을 다 잃어버렸다는 생각은 하지 말아라, 사랑 이외에 지금 네가 가장 원하는 것을 생각해봐, 그게 뭐지?"

그녀가 힘없이 말했다.

"저는 인생의 지혜를 깨닫고 싶어요. 내 인생의 방향을 알고 싶은 거죠."

나는 다시 그녀의 눈을 바라보며 말했다.

"사람이 지혜를 얻으려면, 사람들 속으로 들어가서 배워야 한단다. 부처님께 예불 드리고 경전 읽는 것보다는 부처님의 선행을 배워 바로 실천하는 것이 현명한 방법이듯 말이야."

그녀는 다시 물었다.

"선생님, 부처님의 선행을 배워 실천한다는 것이 무슨 뜻이죠?"

내가 대답했다.

"사랑하는 마음으로 주위사람을 기쁘게 해주는 것이지. 불상 앞에 있는 향과 초에 불을 붙이기 전에 네 생명과 네 마음속의 희망이라는 촛대에 먼저 점화하렴. 네 도움을 필요로 하는 세상 모든 이들에게 네 사랑을 나눠주는 거야. 세월이 흐르면 모든 여자들은 늙기 마련이지만, 나이를 먹는다고 해서 모든 여자가 지혜로워지는 것은 아니지 않니? 사람들 속으로 들어가서 그들과 함께 배우렴. 그러면 너는 네가 원한 지혜를 얻을 수 있을 거야."

그녀는 호기심 어린 표정으로 나에게 말했다.

"공부는 어떻게 해야 하나요?"

내가 말했다.

"먼저 성공한 이들에게서 그들의 지혜, 경험, 능력을 먼저 배우렴. 그렇게 하면 너는 네 주변의 문제를 잘 해결하는 고수가 될 거야. 모든 어려움과 좌절은 공부하지 않은데서 오는 것이지. 너 자신에게 투자하렴. 그리고 너 자신을 사랑하렴. 꾸준히 세상에서 배울 것을 찾다보면, 여러 가지 모든 고민들이 순리적으로 해결될 거야."

127

잠시 그녀가 고개를 숙였다가 내 눈을 쳐다보았다.

나는 이어서 말했다.

"세상에는 3부류의 사람이 있단다. 첫째, 문제를 만드는 사람들. 둘째, 발생한 문제로 힘들어하는 사람들. 셋째, 문제를 해결하는 사람들. 지혜롭고 성공한 사람은 문제를 발생시키거나 문제 때문에 힘들어하는 사람이 아니고, 문제를 해결하는 사람들이란 것을 잊지 말자."

그녀는 눈물이 가득 고인 눈으로 나를 바라보고 있었다.

잘못 든 길을 돌이켜 문득, 깨달음을 얻다.

내 말은 그녀의 마음속 깊이 들어가 그녀에게 깨달음을 선물했다. 그녀는 인생의 방향도 알게 되었다. 2년 남짓 그녀는 항상 나와 함께 다니며 공부했다. 그녀는 완전히 다른 사람으로 바뀌었다. 인격 면에서도 성숙했고, 자신감도 충만해졌다. 그녀는 나에게 몹시 감사해하면서 말했다.

"선생님 정말 고맙습니다. 선생님은 제 인생에서 귀인이시고, 좋은 스승이자 친구입니다."

내가 고개를 끄덕이며 그녀를 쳐다보자, 그녀는 말을 이었다.

"제 생명을 다시 부활하게 해주셨을 뿐 아니라, 그 빛을 모두 펼치게 해주셨습니다. 이미 제 마음속에는 지혜라는 불꽃이 활활 타오르고 있습니다."

빈곤에도 순위가 있다

貧窮排行榜

> 세상에서 가장 가여운 사람은 꿈이 없는 사람이다. 가장 슬픈
> 사람은 크게 꿈꾸지 못하고 과감하게 생각하지 못하는 사람이
> 다. 그리고 세상에서 가장 나쁜 사람은 다른 사람의 꿈을 훔쳐
> 가는 사람이다.

새해가 밝을 때마다 난 학생들에게 이런 말을 한다.

친척이나 친구에게 새해 인사할 때 이 두 마디는 꼭 해라. 첫
번째는 3년 후의 목표와 몇 가지 계획 중에서 어떤 것들을 이룰
계획인지 물어봐라. 두 번째는 어떤 방식으로 자신의 목표를 달
성할 것인지 물어봐라. 만약 상대방이 대답하지 못한다면 그에
게 다시 말해라.

"현재의 네 생각, 관념을 바꾼다면 3년 안에 네가 꿈꾸는 것 이
상 이룰 수 있다."

요즘 사회는 순위 매기기를 좋아한다. 예를 들어 10대 거부라든
가, 500대기업, 가요 순위 등등 매우 많다. 나는 가난에도 순위가
있다고 생각한다. 가난한 사람은 반드시 그 이유가 있기 때문이다.

꿈이 없기 때문에 가난하다

빈곤 순위 1위는 '이상과 꿈이 없는 사람'이다. 세상에서 가장 가여운 사람은 꿈이 없는 사람이다. 가장 슬픈 사람은 크게 꿈꾸지 못하고 과감하게 생각하지 못하는 사람이다. 그리고 세상에서 가장 나쁜 사람은 다른 사람의 꿈을 훔쳐가는 사람이다.

꿈이 없는 사람은 매일 오전 9시에 출근해서 오후 5시에 퇴근하며 시계추처럼 변함없는 삶을 산다. 생활에 변화 없이 사는 사람들은 가난에서 벗어나기가 정말 힘들다.

인류사상 최초로 달 착륙에 성공한 미국의 암스트롱은 어릴 적부터 달 착륙의 꿈을 가지고 있었다. 그의 어머니가 아들의 꿈을 안 후 그에게 말했다.

"달에 가고 싶니? 갈 때 낙하산 가져가는 것 잊지 말아라!"

이는 어머니가 어린 아들에게 사랑의 격려를 베푼 것이다.

달 착륙을 꿈꿔왔던 암스트롱은 성년이 되어 그 꿈을 위해 계속 노력했으며, 결국 그는 아폴로 11호를 타고 그 꿈을 이루었다. 만약 암스트롱 어머니가 그때 아들에게 '미쳤구나!'라며 부정정인 말을 던졌다면 달 착륙을 꿈꿔온 암스트롱의 꿈은 바로 그 자리에서 사라졌을 지도 모른다.

좋은 스승과 친구를 소중히 여겨라

빈곤 순위 2위는 '좋은 스승과 친구가 없는 것'이다. 친구가 없는 사람은 고독하고 무기력해진다. 마음속에 고민이 있어도 말할 친구가 없다는 것은 정말 불쌍한 일이다. 좋은 스승이 없다는 것은 그가 문제를 해결하지 못하고 있을 때 아무도 그에게 잘못 든 길을 지적해 줄 수도 없고, 깨달음을 줄 수도 없다. 이런 사람은 인생의 방향을 상실하게 된다.

좋은 스승과 친구를 가진 사람은 진정한 부자다. 왜냐하면 보물은 당신의 영원한 친구가 될 수 없지만, 친구는 당신의 영원한 보물이 될 수 있기 때문이다. 좋은 스승과 친구는 당신에게 영원한 격려와 긍정 그리고 지지를 보낸다. 이런 사람들과 함께 한다면 당신은 매일 칭찬과 격려의 말을 듣게 되고, 매일 미소 띤 사람들과 생활하면서 서로가 서로에게 감동과 격려를 주고 나누면서 함께 성장할 수 있다.

인간관계는 거울을 마주보는 기분으로 하면 좋다. 당신이 먼저 웃는 얼굴로 사람을 대하라. 그러면 상대방도 따뜻한 미소로 당신을 대할 것이고, 좋은 스승과 친구들도 항상 웃는 얼굴로 격려해준다면 당신은 빈곤 순위로부터 멀리 멀어질 수 있다.

131

한 때의 노력으로 평생을 보장받자

빈곤 순위 3위는 '자신에게 학습할 기회를 제공하지 않는 것'이다. 학습을 모르는 사람은 무지에 빠지기 쉽고, 무지한 사람은 사고가 정체되어 성장할 수 없을 뿐 아니라 대인관계도 원만히 이끌어 가지 못한다. 더욱이 경쟁이 치열한 사회를 어떻게 헤치고 나아가야 하는지 모르며, 이런 사람은 성공으로 가는 길도 알수가 없다.

무지한 사람은 종종 기회를 보고도 알아차리지 못한다. 눈 앞에서 성공의 기회를 놓치기 일쑤고, 일생을 빈곤 속에서 살아가게 된다. 하지만 학습을 통해 성장하는 사람은 지혜로 무에서 유를 창조하고, 자연히 성공의 대열에 서게 된다.

반대로 무지한 사람은 유를 무로 만들어버리니 가난은 그의 그림자처럼 따라 다니게 된다.

사람은 죽을 때까지 배워야한다. 학습을 통해 채워지는 인생은 시간이 갈수록 성숙함을 더해간다. 특히 청년 시절에는 더 열심히 공부해서 몇 년간의 노력으로 평생의 행복을 보장받자는 심정으로 나아가길 권한다.

도전, 다시 한번 불태우자

讓生命再爆炸一次

성공한 사람들에게는 공통적인 특징이 있다. 그것은 희생, 아까워하지 않고 버릴 수 있는 마음 그리고 이기적인 마음을 가능한 극소화시키는 것이다. 그들은 받아들인 것을 다시 나눌 줄 알고, 노력해 이룬 것을 버릴 줄 안다. 또 그들은 수고에 의미를 두지 않고, 희생에 큰 의미를 둔다. 두 손은 도움을 필요로 하는 이에게 쓰고 마음은 나보다 성공한 이들을 배우려 힘쓰는 사람이야 말로 진정한 부자다.

133

사람들은 누구나 다 성공하기를 원한다. 그러나 성공의 정확한 의미를 아는 사람은 몇 명이나 될까?

『서양철학사 이야기』라는 책을 보면 다음과 같은 글이 실려 있다.

"내가 큰 소리로 울면서 이 세상에 올 때, 주위 사람들은 모두 크게 웃으면서 나를 맞이했다. 나는 내가 미소를 지으며 이 세상을 떠날 때, 내 주위 모든 사람들이 큰 소리로 울어주길 바란다."

대부분의 사람들은 한 생의 마감을 유감스럽게 생각한다. 그래서 한을 품고 세상을 떠나거나, 죽어서도 눈을 감지 못하는 사람들도 있다. 그러나 인생은 학습을 통해서라면 평범한 자신의 운명을 성공으로 만들 수도 있고, 이 생을 '웃으면서' 떠날 수도 있다. 심지어 주위 사람들에게 한이 없는 인생을 보여줌으로서, 그들도 나의 죽음을 웃음으로 축복해 줄 수도 있다.

사람이 사업에서 성공한다는 것은 많은 재물이나 명예를 남기는 것이 아니다. 사상과 신념 그리고 인생의 한계를 넘는 것이라고 할 수 있다. 성공한 사람들의 공통적인 특징은 희생하는 것을 두려워하지 않고, 아까워하지 않고 버릴 수 있는 마음 그리고 이기적인 마음을 가능한 극소화하는 것이다. 그들은 받아들인 것을 다시 나눌 줄 알고, 노력하여 이룬 것을 버릴 줄 안다. 또 그들은 수고에 의미를 두지 않고, 희생에 큰 의미를 둔다. 두 손은 도움을 필요로 하는 이에게 쓰고 마음은 나보다 성공한 이들을 배우려 힘쓰는 사람이야 말로 진정한 부자다.

나는 외국에서 유학생활을 한 고학력의 청년에게 이렇게 질문을 한 적이 있다.

"당신이 그렇게 많은 책을 읽는 목적은 무엇인가요?"

이런 나의 질문에 그 청년이 말했다.

"사회에 나가서 좋은 직장을 구하기 위해섭니다. 안정된 월급으로 부모님 마음도 편하게 해드리고 싶고, 무엇보다 많은 사람의 기대에 보답하고 싶습니다."

나는 그 청년에게 말했다.

"저는 책을 읽는 목적이 일과 사람에 대한 처세술을 배우기 위해서라고 생각하는데요."

청년은 눈을 동그랗게 뜨며 동의할 수 없다는 듯 바라보았다.

"책을 읽어 배운 세상의 이치와 지식을 생활 속에서 활용하고, 다른 이들에게도 책 속의 진리를 전해줄 수 있고요."

내가 잠시 끊었다가 말을 이었다.

"좋은 학식은 좋은 지식보다 못하고, 좋은 지식은 좋은 행동보다 못하고, 좋은 행동은 좋은 인격보다 못하다는 말이 있어요."

"그 말에는 동의합니다."

청년의 대답에 내가 말했다.

"위대한 기업가들은 모두 인격적으로 성숙한 사람들입니다. 인격이 성숙하면 비즈니스의 성공은 자연스레 따라오는 것이죠."

인생은 살아가는 가치와 의미가 있어야 한다.

비즈니스의 성공을 위해서, 더 많은 돈을 벌기 위해서 또는 부인과 아이들을 위해서라고 흔히들 대답하지만 더 큰 이유는 성공을 타인과 나누기 위해서다. 자기 한 몸의 선(善)을 꾀하는 작

135

은 의미의 성공보다는 천하의 모든 사람들과 선(善)을 함께 나누는 큰 의미의 성공을 이룰 때 우리 생명은 그 본래의 빛을 발하는 것이다.

마음에 여유를 선물하자

위대한 포부를 가진 사람만이 위대한 사업을 포용할 수 있다. 사람의 도량의 넓이에 따라 사업의 크기가 결정되는 것이다. 당신이 먼저 타인을 감싸고, 타인의 성공을 도와라. 그러면 당신의 성공도 함께 약속 받는 것이다. 당신이 타인을 돕고, 타인이 당신을 도우면서 좋은 상황이 순환되어 좋은 인간관계를 형성하게 된다.

'지혜로운 이는 사람을 볼 줄 알고, 총명한 이는 사람을 정확하게 볼 줄 알며, 견해가 고명한 이는 사람의 훗날 모습까지 볼 수 있다.'

지혜로운 사람에서 총명한 사람 그리고 마지막으로는 고명한 사람에 이르도록 개인 스스로가 노력해야 한다. 고명하다는 것은 무엇을 말하는 것일까? 그것은 바로 사심이 없고, 자질구레하거나 중요하지 않은 일을 지나치게 따지지 않는 것을 말한다. 언뜻 보기에 어리둥절해 보이는 사람들이 오히려 고명한 이들이 많다. 이런 고명한 이들은 초 저녁에는 자신의 일을 생각하고, 한밤중에는 타인의 일을 생각한다는 말이 있다. 자신의 시야를 크고 넓게 보아서 누구보다도 자신을 정확하게 볼 줄 아는 사람이다.

세상에는 3부류의 사람이 있다.

첫 번째는 다른 사람을 괴롭히는 일만 전문적으로 하는 사람, 두 번째는 자신의 일만 알아서 잘 처리하는 사람, 세 번째는 자신의 인생 뿐 아니라 타인의 인생까지도 풍요롭게 하는 이가 있다. 당신은 어느 부류에 속하는가?

생명의 의의는 길고 짧음에 있지 않고, 얼마나 충실한 삶을 살았는가 하는데 있다. 사람은 빈손으로 태어날 수 있지만 의미 없이 그냥 이 세상을 갈 수는 없다.

137

자기 생명의 주인이 되어라

세상에는 이런 4부류의 사람도 있다.

첫 번째는 '인간쓰레기' 같은 사람들이다. 깡패, 강도, 강간범

등 사회를 위협하는 사람들로 사회가 포용할 수 없는 사람들이
다.

두 번째는 '사회의 새내기' 같은 사람들이다. 사회의 신세대로
서 막 사회생활을 시작하는 사람들이 이 부류에 들어간다. 사회
경험이 전혀 없고 가장 기초적인 일에 종사하며 주로 사람들의
심부름을 하는 사람들이다. 잡일이나 자질구레한 일등 자신의
노동력을 팔아서 살아가는 사람들이다.

세 번째는 '인재'라 불리는 사람들이다. 어느 정도 경력을 쌓
은 후 자신의 전문적인 능력을 겸비한 사람으로 사장이나 고급
관리의 눈에 인재로 인정받는 사람들이 이에 속한다. 그러나 이
사람들도 타인의 조종을 받거나 회사의 장식품 같은 사람으로
사장의 돈 버는 도구로 이용되거나, 고급 관리가 승진하기 위한
계단 역할을 해주는 사람들이다.

네 번째는 '인물'이라 불리는 사람들이다. 이들은 자신의 생
각과 신념을 바탕으로 행동한 것에 있어서는 끝까지 책임을 지
고 마음대로 관리하며, 자신이 주인이 돼서 자신의 사업을 이끌
어 가는 사람들, 즉 자기 인생의 주인이 되는 사람들이다.

앞서 말한 3가지 부류의 사람으로 살아가면 정도의 차이는 있
지만, 그 결과는 대동소이(大同小異)하다. 반대로 부단한 노력으

로 성공한 인물이 된다면, 많은 사람들에게 존경받으며 한 평생을 살아갈 수 있다.

1997년 캐나다의 로키 산맥을 여행한 적이 있다. 그 중에서도 강으로 역류해 올라오는 연어 이야기는 정말 감동적이었고, 인상 깊었다. 연어는 강에서 산란하고 바다에 내려가 자란 뒤 다시 자기가 태어난 강으로 산란하러 오는 모천회귀(母川回歸) 어종이다. 강에서 태평양이나 대서양까지 갔다가 출발지로 돌아오는 데 4년이 걸린다고 한다.

생명의 임무를 다하라

연어는 모천회귀 과정에서 각종 재난이나 어려움을 겪게 된다. 특히 강물을 역류하여 올라오는 과정은 큰 도전이다. 용감하게 앞만 보며 전진하며 많은 고통을 이겨낸다. 마지막 순간이 다가오면 온 몸이 상처투성이가 되어서 출생지로 돌아온다.

어미 연어는 산란 후 곧 바로 죽는다. 수컷도 생식이라는 자신의 임무를 다 하곤 바로 죽는다.

'나라를 위하여 온 힘을 다 바쳐 죽을 때까지 그치지 않는다.'

라는 중국 옛말의 뜻을 다시 한번 되새겨 보게 한다.

　연어 이야기는 나에게 많은 감동을 주었다. 사람의 일생도 연어의 모천회귀처럼 운명에 고개 숙이지 않고, 나쁜 환경에 주저앉지 않고, 힘든 도전에 몸을 던지며 살아야 한다. 생명은 노력과 분투를 통해서 인생에 지워지지 않는 흔적을 남기는 것이다.

　연어의 마지막 노력인 역류는 생식의 임무를 완성하기 위해서다. 사람도 일생을 마치기 전에 신성하게 다해야할 임무가 있다. 강한 의지력으로 용감하게 앞으로 나아가 어려움을 극복할 수 있어야만 자신의 소중한 임무를 완성할 수 있다.

　우리 모두에게는 삶의 기회가 단 한번 뿐이다. 생명을 소중히 여기는 것 외에도 생활을 윤택하게 해야 할 의무가 있다. 모든 이들이 소중한 삶을 낭비하지 않기 바라며, 생명을 다시 한번 불태우고 자신의 이기심은 철저히 버려서 삶 자체의 빛을 다시 한번 발산하기 바란다. 지금이 늦었다고 생각하는 그 순간이라도 생명력을 다시 한번 발산해 영향력 있는 삶으로 바꾸자. 우리가 이 인생을 마감할 때 평범하지 않은 인생을 보냈다고 미소 지으며 이 세상을 떠날 수 있도록……

제2부

영혼의 깨달음

心靈頓悟

위기의식을 넘어서

危機意識

예쁜 모델이 있었다. 하루는 아프리카로 촬영가기 위해 비행기에 탑승했는데 불행히 비행기가 추락하는 사고가 일어났다. 유일하게 이 모델만 살아남았고, 전 승무원과 승객들은 불행히도 사망했다. 그러나 이 모델은 아프리카의 식인부락으로 떨어지고 만 것이다.

식인종의 한 아버지와 아들은 맛있어 보이는 이 모델을 보고 기쁨을 감출 수가 없었다. 아들이 말했다.

"아빠 빨리 저 여자를 잡아서 집에 가져가요. 잘 두들겨서 먹으면 맛있을 것 같아요."

이 말을 듣고 아버지가 말했다.

"아들아 너무 서두르지 마라. 우선 집에 가서 네 엄마를 잡아먹자. 그럼 너에겐 새 엄마가 생기고 내겐 새 부인이 생기는 거란다."

이 이야기 속에서 가장 불쌍한 사람은 식인종 부락에 떨어진 모델이 아니고, 집에서 곧 자신이 죽을지도 모르고 부자(父子)의 귀가를 기다리는 엄마다.

143

'사람이 집 안에 앉아 있어도 재앙은 천정으로 떨어진다.' 는 말이 있다.

그러므로 사람은 항상 위기의식을 갖고 살아야 한다. 집에 있으면 아무 일도 생기지 않는다는 생각은 하지 마라.

특히 가정주부는 사회 밖으로 나와 공부해야 한다.

'여자가 계속 바뀌지 않으면 남자가 변한다.' 는 말이 있다.

위기의식이 있으면 학습을 통해서 성장해야 한다는 것을 느끼게 된다. 자신을 바꾸면 그 영향력이 다른 이에게도 미친다. 사람들의 존경과 관심도 함께 받게 된다.

144

如果你不能, 你一定要.
如果你要, 你一定要
당신이 불가능한 일을 만났을 때, 간절히 구하라
간절히 구하면, 반드시 구할 수 있을 것이다

꿈과 목표를 구체적으로 나열하라

立志成功

리더스 다이제스트(Reader's Digest)에 게재된 매우 감동적인 논픽션이다. 미국 성모 대학의 축구팀이 3년 연속 전미축구대회에서 일등을 했다. 그 축구팀 감독은 미국의 영웅이 되었고, 많은 기자들이 감독을 인터뷰하기 위해 찾아갔다.

한 기자가 감독에게 물었다.

"어떤 노력과 조건으로 3년 연속 우승을 차지했습니까?"

이미 나이 40을 넘긴 감독이 말했다.

"이것은 제가 10여 년 전에 계획한 제 인생 107가지 목표 중 하나입니다."

그는 원래 대학을 졸업하기 전에 그의 인생에 완성해야 할 107가지 구체적인 계획과 목표를 세워두었던 것이다. 그 107가지 계획 중에는 그가 성모 대학 축구팀의 감독이 되는 것과, 전미 대학 연합 축구시합에서 3년 연속 우승할 것이 포함되어 있었고, 이외에도 백악관에 대통령의 귀빈으로 초대되는 것, 세계의 어떤 휴양지에서 휴가를 며칠 이상 보낼 것, 틈틈이 시간을 내어 승마, 스케이트 스포츠를 배울 것 등등 매우 구체적인 내용들도 들어

145

가 있었다.

　그는 부단한 노력으로 41세가 되었을 때 그 계획 중 83항목의
목표를 이미 완성해서 사람들을 놀라게 했다.

　'목표는 인생의 청량제다.'

　인생은 목표가 있어야 명확한 방향을 설정할 수 있다. 명확한
방향을 정하기 위해 자신의 미래에 반드시 이루고 싶은 계획이
나 목표를 하나씩, 구체적으로 나열해보라. 그리고 실제적인 행
동으로 그 꿈을 완성하라. 이것이 바로 성공한 인생이다.

能度決定成功,
而不是成功之後改變能度
삶의 습관이 성공을 결정하는 것이지,
성공이 습관이 바꾸는 것은 아니다.

시작이 성공의 가장 큰 장애

一飛衝天

비행기를 타 본 경험이 있을 것이다. 보통 비행기가 이륙하려면 시속 200km 이상의 속력이 필요하다고 한다. 이 속도를 내기 위해서는 충분히 긴 활주로가 필요하다. 충분한 가속도와 수평을 유지하는 힘을 만들어야 비행기가 이륙할 수 있다. 비행기가 활주로에서 이륙을 준비할 때 엔진 출력이 가장 높고 잡음이나 마찰력이 가장 큰 순간이다. 일단 비행기가 이륙해서 상공을 비행하면 그 때부터는 속도가 빠를수록 기름 소모량은 줄어든다고 한다.

이것은 마치 비즈니스의 과정과 같다. 막 시작했을 때 여러 곳에서 생각지도 못한 문제에 봉착하게 된다. 이 때가 좌절하게 되는 가장 힘든 시기다. 그러나 일단 이 위기를 벗어나면, 비행기가 활주로에서 가장 많은 에너지를 소비한 후 바로 하늘을 향해 날아가는 것처럼 일도 매사에 순조롭게 된다. 다소 문제가 발생한다 하더라도 처음처럼 힘들게 느껴지지는 않는다.

유태인들은 자주 이렇게 말한다.

"0에서 1을 만들기가 가장 어렵다. 하지만 1에서 100을 만드는 것은 정말 쉽다."

사업을 막 시작할 때는 무조건 참고 노력해야 한다. 전력을 다해서 수평을 유지하려 애써야 하고, 끝까지 포기 하지 말아야 한다. 기억하라. 일단 이륙만 하면 성공은 바로 눈앞에 펼쳐진다.

148

충견과 보물을 찾아라

衷狗與寶藏

어떤 일본 사람이 산에서 귀한 보물을 잃어버렸다. 사방을 다니며 찾아보았지만 찾을 수가 없었다. 너무 지친 그는 애견을 데리고 나무 밑에서 쉬었다. 그런 후 그는 다른 곳으로 떠나야겠다고 결심했다. 그런데 그의 애견은 좀처럼 그 곳을 떠나려고 하지 않았다. 주인은 계속 애견에게 떠날 것을 재촉했지만, 애견은 떠나려 하지 않을 뿐 아니라 주인을 향해 미친 듯이 짖어댔다. 주인이 개를 끌어보고, 때려도 봤지만 개는 조금도 움직이려 하지 않고 짖어대기만 했다.

주인은 아무리 생각해도 자신의 애견이 왜 저렇게 짖어대는지 알 수 없었다. 주인은 할 수 없이 나무로 다시 돌아가 개가 서 있는 곳으로 갔다. 그런데 유독 높이 솟아 오른 곳이 눈에 띄었다. 그 곳을 손으로 파보니 원래 자신이 잃어버렸던 보물이 바로 그 곳에 묻혀 있었던 것이다. 주인은 너무 기쁜 나머지 애견을 안고 입을 맞췄다. 애견의 영민함과 충성스러움에 칭찬을 하고, 보물을 다시 찾은 것에 대해 감사의 마음을 전하고 싶었다.

좋은 사업과 좋은 사상 역시 땅 밑에 묻힌 보물과 같은 것이다. 땅 밑에 있는 보물은 다른 사람들은 알 수가 없다. 우리처럼 그것을 알고 있는 사람은 충견처럼 타인의 오해를 무서워하지 않고, 냉대나 주인의 구타까지도 두려워하지 않아야 하며 보물이 있는 곳을 타인에게 알려주어야 한다. 그 보물을 함께 발견할 수 있도록 계속 일러주어야 하며, 발견한 보물을 여러 사람들과 두루 나눠 가져야 한다. 좋은 사업, 좋은 생각은 매우 귀한 것이고, 사람을 보물섬으로 이끌고 가 많은 보물을 찾아 나올 수 있게 하는 것이다. 한 사람의 보물찾기에 내가 도움을 줄 때 바로 내 인생이 풍요로워지기 시작하는 것을 잊어서는 안 된다.

성공한 사람들은 모두 '충견' 의 배역을 맡아야 한다. 가까운 친척들 그리고 친구들에게 계속 보물이 있는 곳을 일러주자. 좋은 보물을 그들과 공유하자. 좋은 사업과 귀한 신념을 가장 사랑하는 이에게 먼저 가르쳐주자.

知道沒有力量,
相信才有力量
아는 것만으로 힘이 아니다,
믿음이 함께 할때 힘이 된다.

멀리 바라보고 앞서 준비하라

遠見及準備

옛날에 두 상인이 아프리카로 신발을 팔러 갔다. 두 사람이 아프리카에 도착해서 본 것은 모든 사람들이 신발을 신지 않고 맨발로 생활하는 것이었다. 두 상인 중 한 사람은 소극적이고 부정적인 성격의 소유자였다.

그는 혼자 생각했다.

'이런, 아프리카 사람들은 신발을 신지 않는군. 이 곳에서는 신발 장사를 하면 망하겠구나!' 라고 생각하며 타고 왔던 비행기로 다시 돌아가고 말았다.

또 다른 한 사람은 적극적이고 긍정적인 성격의 소유자였다.

그는 '정말 잘 됐어. 아프리카 인들 중에서 신발을 신고 있는 사람은 아무도 없잖아. 이 곳은 매우 큰 시장이 되겠군. 한 사람에게 한 켤레만 팔아도 재벌이 되겠어!' 라는 생각으로 그 곳에 머무르기로 결정했다.

그 결과 아프리카에 남아 신발을 판 그 상인은 아프리카 신발 시장을 개발해서 '아프리카 신발의 대왕' 이 됐다.

하루는 이 두 상인이 아프리카에서 다시 만나게 됐다. 두 사람이 같이 길을 걷고 있을 때 갑자기 맞은편에서 사자 한 마리가 그들을 향해 달려오고 있는 것이었다. 그때 적극적인 사고의 상인은 재빨리 엎드려 신발을 운동화로 바꿔 신었고, 소극적인 사고의 상인은 절망 속에 외쳤다.

"사자가 이미 우리 앞에 왔는데, 당신은 지금 신발을 바꿔 신다니……. 시간이 충분하다고 생각합니까?"

신발을 다 바꿔 신은 상인은 매우 느긋한 소리로 말했다.

"시간은 충분합니다. 어쨌든 내가 당신보다 빨리 달릴 수 있지 않습니까?"

성공의 여부는 사람의 생각에 달려있다. 생각은 사람을 미래를 결정하고, 사상은 사람의 일생을 바꿀 수 있기 때문이다. 적극적인 사고를 가진 사람은 성공의 열쇠를 손에 쥐고 있는 사람이다. 성공은 멀리 바라보고 항상 준비하는 사람들의 몫이다.

只要你相信,
奇蹟一定會出現
당신에게 믿음이 있을 때,
성공은 기적처럼 반드시 얻게 돼있다

손오공과 삼장법사 이야기

心裡有數

손오공은 삼장법사에게 72개의 변화 기술을 배워 자유자재로 부렸다. 손오공은 함께 무술을 배우는 이들 중에서 가장 열심히 무술을 연마했을 뿐 아니라, 삼장법사의 마음을 가장 잘 헤아렸다. 삼장법사의 한 마디 혹은 몸짓 하나까지 명확하거나 비유적인 모든 암시도 손오공은 그 뜻을 확실히 알아 모두 마음속에 새겼다.

손오공은 평소에 삼장법사에게 배운 모든 것들에 관해서 열심히 연마했다. 법사의 한 마디도 놓치지 않고 깊이 마음에 새겼다. 다른 학생처럼 배움을 게을리 하거나 싸움을 하나의 즐거움으로 여기지 않았다.

삼장법사가 연로해 열반에 들기 전, 하루는 특별히 모든 제자들을 불러 모았다.

법사는 간곡하고 의미심장하게 마지막 가르침과 훈시를 말한 후, 모든 학생들의 등 뒤로 가서 어깨를 세 번씩 내려쳤다. 법사는 이렇게 한 바퀴를 돈 후에 원래 자리로 돌아와 한숨 섞인 목소리로 물었다.

153

"누가 이 행동을 이해할 수 있겠느냐?"

그 자리에 앉은 모든 학생들은 법사의 그런 행위를 도무지 이해할 수 없어 서로의 얼굴을 바라볼 뿐 이었다. 손오공만이 법사의 뜻을 알고, 그날 새벽 3시에 혼자 화원으로 나왔다. 과연 법사는 그 곳에 정좌해 있었다. 손오공이 법사에게 절을 올렸을 때 법사는 놀라서 말했다.

"너는 어떻게 알고 여기에 나왔느냐?"

손오공은 말했다.

"스승님이 모든 사람의 어깨를 세 번 치시지 않으셨습니까? 바로 우리 모두에게 가르쳐 주시려하신 것 아닙니까?"

법사는 손오공의 예민한 반응과 총명함에 아주 기뻐하며 72개의 무술(72반 변화의 술)을 하나도 빠짐없이 손오공에게 전수할 것을 결정한다.

손오공의 예에서도 알 수 있듯 사람이 성공하려면 반드시 좋은 스승에게 열심히 배워야 한다. 스승의 한 마디 한 마디를 모두 마음에 새기며, 스승의 몸짓 하나에서도 숨은 뜻을 알아야 한다. 이럴 때만이 스승이 평생을 걸쳐 연마한 능력과 경험을 다 전수받을 수 있으며 평생을 써도 끝이 없는 보물을 얻게 되는 것이다.

머리를 숙일 줄 알아야 성공한다
肯彎腰就會成功

　흑인 노예를 해방시킨 미국의 16대 대통령이었던 링컨이 한번은 강연을 하러 갔다. 체격이 컸던 링컨은 문에 들어설 때 문이 낮음을 미처 알아보지 못하고 그만 이마를 부딪치고 말았다. 옆에 있던 경호원들은 매우 긴장해서 링컨에게 말했다.

　"각하 죄송합니다. 저희들의 잘못입니다. 저희가 문 높이를 좀 더 높여 놨더라면 이마를 부딪치는 일은 없었을 겁니다."

　그러나 링컨은 자신의 이마를 만지며 별로 신경 쓰지 않을 뿐 아니라, 웃으면서 말했다.

　"아니야. 다 내 잘못이야. 새로운 곳에 갈 때마다 머리를 숙이고 허리를 굽혀야 한다는 것을 잊어버렸어요."

　한 나라의 원수로서 이렇게 겸손하기란 힘든 일이다. 겸손은 링컨의 가장 위대한 모습 중의 하나다.

　성공한 사람일수록 겸손한 마음이 산골짜기처럼 깊어야 한다. 성공한 사람일수록 보리처럼 익으면 익을수록 머리 숙이고 허리 숙인다.

155

생각의 크기가 삶의 크기를 결정한다

想法決定一生

하루는 미국의 한 흑인 아이가 울면서 집으로 달려와 엄마에게 물었다.

"엄마 우리 집은 왜 이렇게 가난해요? 다른 집은 소고기 스테이크 먹는데 왜 우리 집은 먹을 것이 아무것도 없어요?"

이 말을 들은 엄마는 창밖에서 종일 술만 마시며 아무 일도 하지 않는 한 노인을 가리키며 말했다.

"얘야. 우리 집이 가난한 이유는 알코올 중독자인 네 아버지 때문이다. 네 아빠 머릿속에 '부자'라는 단어는 한 번도 없었다. 우리 집이 부자가 될 수 없는 이유는 바로 이 때문이다."

생각과 신념은 사람의 일생을 결정한다. 사람의 생각이 바뀌면 인생도 따라서 바뀐다. '부자'의 생각을 할 때만이 부유(富有)할 수 있는 것이다.

157

겸손과 부드러움에 대해

學習柔軟度

옛날에는 스승이 세상을 떠날 때면 제자들을 모두 불러놓고, 자신의 유언을 전했다. 내용의 대부분은 처세의 도리였다. '노자'의 스승 '장중'이 임종이 가까워졌을 때 노자도 장중 앞으로 달려왔다. 장중에게 다시 한번 사람의 도리와 세상일의 법도에 관한 한 마디를 듣고자 간청했다.

장중은 이 말을 듣고 입을 벌려 노자에게 자신의 입 속에 치아가 남아 있는지, 없는지를 보라고 했다. 노자는 빨리 유언을 남기지 않고 입을 벌려 치아의 상태를 묻는 스승의 의도가 궁금했다. 장중의 입을 본 후 노자가 말했다.

"스승님의 치아는 하나도 남은 것이 없습니다."

장중은 눈을 감고, 고개를 끄덕이며 아무 말도 하지 않았다.

잠시 시간이 흐른 후 노자는 조급함이 생겨 다시 스승에게 말했다.

"선생님 빨리 저를 일깨워 주십시오. 선생님의 한 마디 말씀을 제 평생 삶의 원칙으로 삼겠으니 빨리 말씀을 해주십시오."

장중은 그 말을 듣고 다시 입을 벌려 노자에게 자신의 혀가 남

159

아 있는지, 없는지를 물었다. 노자는 스승이 또 다시 혀에 대해 묻는 이유를 전혀 알 수 없었지만, 다시 몸을 가다듬고 자세히 살펴봤다.

스승을 위로하는 말투로 노자가 말했다.

"스승님. 너무 괴로워하지 마십시오. 아직 혀는 남아 있습니다."

장중은 이 말을 듣고, 고개를 끄덕이며 노자에게 말했다.

"얘야. 치아는 내 입 안에서 가장 강한 부분이다. 그러나 내가 죽기도 전에 다 빠져버렸다. 치아가 다 빠지는 걸 보니 강하게 보인다고 해서 꼭 영원히 존재하는 것은 아닌 것 같구나. 반면에 내 혀는 입 안에서 가장 부드러운 부분이다. 죽음을 앞둔 지금도 혀는 떨어지지 않는구나.

사람이 세상을 살아가는 것도 이와 같다. 모름지기 사람은 겸손과 부드러움을 배워야 한다. 특히 물을 보면서 많은 공부를 해라. 물은 기체, 액체, 고체로 그 모습을 바꿔가며 세상 모든 곳에 존재하고 있다. 물은 웅장한 폭포가 될 수도 있고, 큰 바다가 될 수도 있다. 바다는 하류의 가장 낮은 부분에 위치하고 있기 때문에 큰 강이든 작은 강이든 모두 바다에서 다시 모이기 마련이다. 큰 바다의 광대함과 위대함을 배워라."

사업에 성공하려면 먼저 사람의 도리를 먼저 배워야 한다. 바로 겸손과 부드러움이다. 큰 바다와 같이 포용력을 가져라.

161

빈곤도 습관이 되고 유전이 된다

習慣貧窮

    태어나서 줄곧 가난하게 살아온 한 청년이 있었다. 그 고통은 말로 다 표현할 수 없을 정도였다. 하루는 이 청년이 자신의 운명이 궁금해 역술가를 찾아가 물었다.

    "선생님. 제 관상을 봐 주세요. 10년 후엔 저도 부자가 될 수 있을까요?"

    역술가는 그의 관상을 본 후 대답했다.

    "젊은이, 자네는 10년 후에 매우 가난해 질 것이네."

    청년은 기운이 빠졌지만, 역술가에게 돈을 쥐어주며 다시 물었다.

    "선생님, 죄송하지만 다시 한번 봐주십시오. 20년 후면 저도 부자가 될 수 있을까요?"

    역술가는 다시 그의 얼굴을 한참 살펴보더니 말했다.

    "젊은이, 정말 미안하네. 20년 후에 자네는 더 가난해질 걸세."

    청년의 마음은 조금 전보다 더 슬프고 화도 났지만, 한 가닥 희망을 포기하지 못하고 주머니를 탈탈 털어 그가 가지고 있던 모

163

든 돈을 역술가에게 주면서 또 한번 물었다.

"선생님. 마지막으로 다시 한번만 더 봐주십시오. 30년 후 저는 부자가 될 수 있을까요?"

그의 물음에 역술가는 다시 자세히 그의 얼굴을 관찰한 후 말했다.

"젊은이, 축하하네. 30년 후 자네는 더 이상 가난하지 않을 걸세!"

이 말을 들은 젊은이는 그제야 크게 웃을 수 있었다.

그는 다시 생각하기 시작했다.

'30년 후 더 이상 가난하지 않을 거라고 했어. 비록 오랜 시간을 기다려야 하지만, 희망이 없는 것 보단 나은 일이지!'

그 청년은 역술가에게 계속 고맙다고 인사하면서 말했다.

"그렇다면, 30년 후에 저는 부자가 돼 있겠네요?"

그러자 역술가는 정색하며 말했다.

"아니! 그때쯤이면 자네는 이미 가난에 익숙해져 있을 거야!"

가난이나 부유도 일종의 습관이다. 어떤 이는 가난이 습관이기 때문에 평생 머릿속으로 가난만 생각하면서, 가난으로 일생을 매듭짓게 된다. 부유하게 살고 싶다면, 먼저 부유한 생각을 해라. 이 생각이 당신의 행동에 영향을 미쳐 부유가 습관이 될 것이다.

버리는 법을 배워라

空杯哲學

늙은 스님과 젊은 스님이 함께 만행을 떠났다. 하루는 급류가 거센 강 앞에서 한 아가씨가 마음이 안타까운 듯 초조해하며, 강을 건너지 못해 울고 있는 모습을 보게 되었다. 늙은 스님은 그 소녀에게 다가가 까닭을 물어보고 매우 조심스럽게 그녀를 안아 강 건너편으로 데려다 주었다.

젊은 스님은 늙은 스님이 아가씨를 안아 강을 건너는 모습을 보고는 의혹과 불쾌감을 감추지 못한 채 늙은 스님 뒤에서 강을 건넜다. 이렇게 세 명이 강을 건넌 후 아가씨는 늙은 스님에게 감사를 표시하고 먼저 길을 떠났고, 두 스님은 절로 다시 돌아왔다.

그 일이 있은 며칠동안 젊은 스님은 불쾌한 듯 한 마디도 하지 않았고, 늙은 스님도 젊은 스님에게 이유를 묻지 않았다.

하루는 젊은 스님이 도저히 참을 수가 없다는 생각에 용기를 내서 늙은 스님에게 물어봤다.

"스승님은 항상 제게 색(色)을 경계하라고 말씀하시면서, 며칠 전 왜 아가씨를 안고 강을 건넜습니까?"

이 말을 들은 늙은 스님은 아무런 동요 없이 말했다.

"알고 보니 네가 그것 때문에 며칠동안 얼굴색이 안 좋았구나. 난 3일 전에 그 처녀를 내려놓았는데, 넌 3일이 지난 후에도 가슴 속에 안고 있구나!"

공부를 할 때 놓는 법도 공부해야 한다. 놓아버려야 할 것은 놓아라. 당신의 마음을 항상 빈 컵으로 만들어라. 무엇이든 버릴 수 있어야 다시 담을 수 있다.

抉擇要放在努力前面
무슨 일을 시작하기 전에,
올바른 선택을 하라

166

인생은 새옹지마

塞翁失馬焉知非福

북방 국경에 점을 잘 치는 새옹이라는 늙은이가 살고 있었다. 하루는 그가 기르는 말이 아무런 까닭도 없이 도망쳐 오랑캐들이 사는 국경 너머로 가버렸다.

마을 사람들이 위로하고 동정하자 늙은이가 중얼거렸다.

"이것이 또 무슨 복이 될는지 알겠소?"

늙은이는 조금도 낙심하지 않았다

몇 달 후 뜻밖에도 도망갔던 말이 오랑캐의 좋은 말 한 필을 끌고 돌아오자, 마을 사람들은 모두 늙은이를 축하했다.

그러자 그 늙은이는 조금도 기뻐하지 않으며 말했다.

"그것이 또 무슨 화가 될는지 알겠소?"

그런데 집에 좋은 말이 생기자 전부터 말 타기를 좋아하던 늙은이의 아들이 그 말을 타고 달리다가 말에서 떨어져 다리가 부러졌다. 마을 사람들은 아들이 불구가 된 것이 딱해 늙은이를 위로했지만, 늙은이는 이번에도 태연한 표정으로 한 마디 했다.

"이것이 또 무슨 복이 될는지 누가 알겠소?"

1년이 지난 후 엄청난 수의 오랑캐들이 쳐들어왔다. 웬만한 장

167

정들은 활을 들고 싸움터에 나갔다가 모두 전사했지만, 늙은이의 아들만은 다리가 불구여서 부자(父子)는 모두 무사할 수 있었다.

일이 순조롭다고 해서 너무 좋아할 필요도 없고, 일이 순조롭지 못하다고 너무 낙담할 필요도 없다. 항상 즐거운 마음을 유지하고 평정심을 잃지 말라.

흑인 아이의 깨달음

黑人小孩的頓悟

한 흑인 아이가 세계 박람회에 참가해 하늘에 달린 가지각색의 풍선을 봤다. 그 많은 색깔들 중에 유독 검은색만 없었다. 원래 그 소년은 자기 피부색에 대해 열등감이 있었고, 흑인으로서 사회에서 성공할 자신도 없었다. 그래서 그 아이는 검은색은 풍선은 하늘 위에 떠 있을 수도 없는 것이라고 생각했다.

흑인 아이가 이런 저런 생각을 하며 하늘을 수놓은 풍선들을 보다가 결국 참지 못하고 풍선 파는 사람에게 물었다.

"아저씨, 저 하늘에 모든 색깔의 풍선들이 다 있는데 왜 유독 검은 풍선은 보이질 않나요? 혹시 검은색 풍선은 하늘을 날 수 없는 건가요?"

풍선 파는 사람은 이 이야기를 듣고 바로 검은색 풍선을 꺼내서 공기를 가득 불어 넣었다. 하늘을 향해 부풀어 점점 커진 풍선을 아이에게 건네줬다.

그가 웃으면서 말했다.

"얘야! 풍선이 하늘을 나는 것은 그 색과 상관이 없단다. 풍선 안에 공기만 있으면 어떤 색의 풍선이든 하늘을 날 수가 있어."

169

이 말은 흑인 소년에게 큰 깨달음을 주었다.

사람은 자신의 신분이나 출신으로 열등감을 가질 필요는 없다. 외피는 중요한 것이 아니다. 중요한 것은 사람의 마음과 머리다. 가슴 속에 용기가 충만한 사람은 이 세상 어느 곳에서도 성공할 수 있다.

원망과 감사의 차이

埋怨與感恩

세계 일주를 같이 하기로 약속한 두 개의 성냥이 있었다. 이 두 개의 성냥은 영원히 탈 수 있는 성냥이었다. 신나게 여행을 하던 어느 날 A성냥은 크게 화를 내면서 투덜댔다.

"정말 속상해 죽겠네. 그렇게 많은 돈과 시간을 들여 세계 여행을 왔더니, 가는 곳마다 어두워서 아무것도 볼 수가 없어. 너무 재미없어. 이번 여행은 후회막급이다!"

한편 B성냥은 매우 흥분된 목소리로 말했다.

"이번 여행 정말 멋져. 나는 만 권의 책을 읽고 만 리의 길을 떠나라는 말의 깊은 뜻을 이제야 알게 된 기분인걸. 세계는 오색찬란(五色燦爛)하다더니, 정말 그 말이 맞아. 이번 여행을 통해 나는 많은 것을 얻었어. 신에게 감사할 따름이야!"

두 성냥이 같이 세계여행을 떠났는데 그들의 반응은 어쩌면 이토록 다른 것일까? 관점이나 가치관이 전혀 달라서인가?

A성냥은 여행하면서 불을 밝히지 않았던 것이다. 어두운 눈으로 세상을 보니 어디를 간들 온통 어둠뿐 이었다. 반면 B성냥은 불을 켜 밝은 눈으로 세계를 여행했다. 밝은 눈으로 세상을 보니

오색찬란한 세상 본연의 모습을 다 볼 수 있었던 것이다.

당신 마음속의 원망이나 부정하는 마음을 없애라. 마음의 문을 열어 적극적인 사고와 감사의 마음으로 세상을 봐라. 당신의 도움을 필요로 하는 이를 도와주고, B성냥이 자신의 몸에 불을 밝혀 점화시키듯 당신의 생명의 빛을 발산하라. 그럴 때 인생은 생동감이 넘치게 된다.

相愛容易, 相處難.

成長容易, 成熟難

서로 사랑하는 것은 쉽지만, 함께 어려움을 버티는 것은 어렵다.

성장은 쉽지만, 성숙은 어렵다.

임금님의 가면

國王的面具

옛날에 나라와 백성을 매우 사랑하는 한 임금이 있었다. 그 임금은 항상 책을 가까이 두고 생활했으며, 매일 아침 조정에 나가서는 신하들에게 인생철학에 관해 강의했다. 그러나 신하들은 대부분 무표정한 얼굴로 임금의 말을 잘 듣지 않았다.

임금은 신하들의 반응을 보고 마음이 울적해지고 이유가 궁금해졌다. 그래서 한 신하에게 솔직한 심정으로 물었다.

"내 강의는 인생철학에 관한 것이다. 신하들은 인생에 도움이 되는 좋은 말을 왜 들으려고 하지 않는가?"

그러자 그 신하는 임금에게 내일 조정에 나갈 때 이상하게 생긴 가면을 쓰고 신하들에게 강의를 하라고 조언했다. 임금은 신하의 이야기를 듣고 반신반의(半信半疑)했지만, 결국 그 신하가 시키는 대로 했다. 결과는 과연 신하의 말 대로 였다. 신하들이 임금의 이야기를 들으면서 어떤 이는 고개를 끄덕이고, 또 너무 감동받은 나머지 눈물을 흘리는 이도 있었다.

임금은 매우 흡족하면서도 그 이유가 너무 궁금해서 그 신하에게 다시 물었다.

"그 이상한 가면이 좋은 결과를 가지고 왔구려. 많은 신하들이 내 이야기를 듣고 감동받은 것 같았소."

임금이 3개월 동안 계속 그 이상하게 생긴 가면을 쓰고 강의를 했다. 3개월이 지난 후 임금은 그 신하를 불러 물었다.

"이상하게 생긴 이 가면이 효과는 매우 좋지만, 난 평생토록 내 본래의 모습으로 사람들을 대할 수는 없단 말인가?"

그러자 그 신하가 말했다.

"폐하, 지금 그 가면을 벗어보십시오."

이 말을 들은 임금도 자기의 진면목을 보여주고 싶은 마음이 굴뚝같았지만, 한편으론 본래의 모습을 보고 '신하들이 또 강의를 듣지 않으려 하면 어쩌나!' 하는 마음에 갈피를 잡지 못했다.

하지만 신하는 이제 임금의 진면목을 보여줄 때가 되었다며, 계속 격려했다. 임금도 신하의 말을 믿어보기로 하고, 신하가 시키는 대로 가면을 벗고 조정에 들어갔다.

임금은 가면을 쓰지 않아 조금은 두려운 마음으로 강의를 시작했다. 그런데 모든 신하들이 평소와 같이 정중하게 임금의 이야기를 열심히 듣는 것이 아닌가?

사실 임금이 사용했던 가면은 큰 웃음을 머금고 있는 가면이어서, 신하들은 그 가면을 모두 좋아했다. 임금도 3개월 동안 가면 쓴 자신의 모습을 거울에 비춰보면서 자연스레 얼굴에 웃음 꽃이 피게 된 것이다. 임금의 얼굴에는 온화한 미소가 내려 앉았으며, 그 미소는 신하들에게 따뜻한 친근감을 주었다. 결국 임금의 미소는 신하들 마음속에 자리 잡고 있던 경외감이라는 큰 벽을 허물었다.

사람의 작은 태도가 성공을 결정한다.

'얼굴 표정은 마음을 따라 움직이고, 운명은 얼굴 표정에 따라 움직인다.'

항상 웃는 얼굴로 타인을 대하고 자신을 대하라. 미소는 가장 친근감 있고 아름다운 모습이다.

175

항상 자신을 충전하라

把斧頭磨利

옛날에 한 가지 일도 제대로 이루지 못한 채 하루하루를 덧없이 사는 한 사내가 있었다. 하는 일마다 되는 것이 없던 사내는 어느 날 산에 올라가 목재를 자르는 일을 하게 됐다.

사내는 비록 경험 없는 벌목공이었지만, 일을 처음 시작한 날치고 빨리 나무를 베었다. 결국 그는 같이 일하는 벌목공들 중에서 가장 많은 나무를 베었으며, 그의 기쁨은 이루 말할 수 없었다.

사내는 기쁜 마음에 중얼거렸다.

"나는 타고난 벌목공이구나. 난 아무런 능력이 없었던 것이 아니라, 내 적성을 몰랐던 거였어. 오늘 이 일을 처음 시작한 것임에도 불구하고, 내가 가장 많은 나무를 베었잖아. 게다가 아침에 도끼질 몇 번 하고 오후 내내 낮잠을 잤는데도, 내가 1등한 걸 보니 정말 대단해!"

이튿날, 사내는 1등을 유지하기 위해서 더 열심히 일해야겠다고 다짐했다. 그래서 그는 점심시간에 낮잠 자는 것도 잊어버리고 나무를 베었다.

177

하지만 그 날의 결과는 1등이 아니라 3등이었다. 사내는 생각할수록 이상했다.

'첫 날은 그냥 하고 싶은 대로 도끼질하고 쉬었는데도 1등이었는데, 둘째 날은 그렇게 열심히 도끼질을 했건만 3등이라니…….'

사내는 다시 자신을 질책했다. 셋째 날은 더 열심히 일해야겠다고 생각한 그는 낮잠뿐 아니라 점심밥도 거르며 벌목했다.

결과는 10등 밖으로 떨어졌다.

사내는 좌절감에 빠져 다시 생각했다.

'둘째 날과 셋째 날은 더 열심히 일했는데, 왜 첫 날보다 결과가 나쁜 것일까?'

아무리 생각해도 그 답을 알 수 없었다. 그래서 그는 경험이 많은 벌목공을 찾아가서 이유를 물었다.

경험이 많은 벌목공은 그의 도끼를 보더니 단 한 마디를 던졌다.

"당신 도끼는 이미 무뎌졌어!"

사내는 도끼날을 가는 것을 잊어버렸던 것이다. 도끼날은 무뎌질 대로 무뎌져 아무리 열심히 도끼질을 해도 나무는 베이지 않고, 힘만 소비시킬 뿐이었다. 사내는 그제야 일을 잘 하기 위해서는 먼저 도끼, 즉 도구부터 잘 손질해야 한다는 사실을 깨닫게 됐다.

비즈니스도 마찬가지다. 열정적으로 비즈니스를 추진하는 과정에서 '도끼날 가는 것'은 무엇보다 중요하다. 학습할 때 자신을 항상 충전시켜야 능력을 최대한 발휘할 수 있음을 잊지 말라.

179

작은 물방울의 깨달음

작은 물방울이 빗물에 섞여 큰 바다로 흘러갔다. 끝없이 넓은 큰 바다를 보면서 작은 물방울은 자신이 너무 초라하게 느껴졌다.

하루는 작은 물방울이 용기를 내, 큰 바다에게 말했다.

"바다님! 바다님! 저는 단지 작은 물방울에 지나지 않습니다. 그런데 당신은 넓고 큰 바다입니다. 저처럼 작은 존재는 당신과 절대로 비교할 수 없겠죠?"

큰 바다는 웃으면서 말했다.

"너는 물이고, 나 역시 물이다. 네가 내 속으로 들어온다면, 넌 나보다 더 많은 물방울을 가지게 될 거다."

작은 물방울은 큰 바다의 말을 듣고서야 확연히 깨달아, 기쁜 마음으로 바다 속으로 뛰어 들었다.

얼마 뒤 작은 물방울은 이미 바다와 한 몸이 된 것을 느끼며 또 다른 작은 물방울을 미소 지으며 바라보고 있었다.

대부분의 사람들은 평범하게 산다. 자신은 작은 물방울처럼 보잘 것 없는 존재라고 생각한다. 그러나 자신의 그런 소극적인 생각과 고정관념만 바꿈으로써 열등감을 지워버릴 수만 있다면, 성공한 사람들과 같은 발걸음으로 그들에게 다가갈 수 있고 그들과 하나가 되어 큰 사업의 성취감을 맛볼 수 있다.

왜 악어는 악어가죽 신발을 신고 있지 않는가?

鱷魚皮鞋

　　가정환경이 열악한 시골 사내가 있었다. 태어나서 한번도 가죽 신발을 신어본 적이 없던 그는, TV에서 가죽 신발을 신고 나오는 사람들을 볼 때마다 부러웠다. 그 사람들이 멋있어 보였기에, 그는 평생의 목표를 '가죽 신발을 신는 것'으로 정했다.

　　시간이 흘러 큰 도시를 방문하게 된 시골 사내는 아니나 다를까 사람들의 신발을 유심히 살펴보고 있었다. 그러던 중 매우 정교하고 멋진 가죽 신발이 눈에 띄었다. 그래서 시골 사내는 그 가죽 신발을 신은 이에게 다가가 물었다.

　　"그 신발은 무슨 가죽으로 만든 겁니까? 그리고 가격은 얼마죠?"

　　그 사내는 의기양양하게 대답했다.

　　"이것은 악어가죽으로 만든 신발이고, 가격은 100만원입니다."

　　그 사내의 머릿속에서는 좀처럼 그 악어가죽 신발이 떠나질 않았다. 고향으로 돌아오는 내내 악어가죽 신발 생각뿐이었다. 그래서 그는 목표를 재조정했다. 이제는 악어가죽 신발을 꼭 신어보는 것이 그의 목표였다.

그런 생각에 잠겨 강을 건너다가 우연히 강 안쪽에 엎드려 있는 악어 한 마리를 보게 되었다. 그는 강에 들어가 악어를 잡아야 하나 말아야 하나, 한참 고민했다.

그는 어쩌면 지금이야말로 자신이 악어가죽 신발을 신을 수 있는 유일한 기회일지도 모른다는 생각에 이르렀다.

결국 시골 사내는 용기를 내서 강으로 들어갔다. 악어와 40분가량 사투(死鬪)를 벌인 끝에 악어를 기절시켰다. 그는 젖 먹던 힘까지 동원해 악어를 강에서 뭍으로 끌고 나왔다. 시골 사내는 칼로 악어의 몸을 뒤적이며 한참을 살핀 후 격분해서 큰 소리로 말했다.

"내가 40분 남짓 힘들게 싸워서 잡았더니, 세상에 이 악어는 가죽 신발을 신고 있지 않다니!"

시골 사내는 욕하면서 집으로 돌아갔다.

그는 악어가죽 신발이 '악어가 신고 있는 신발'인 줄 알았던 것이다. 그런데 악어가 신발을 신고 있지 않은 것을 보고 화가 머리끝까지 났던 것이다.

이 시골 사내가 놓친 부분은 무엇일까? 그의 목표는 분명했고, 그 목표를 이루기 위해 온 힘을 다해 노력했다. 하지만 그는 악어가죽 신발을 신겠다던 목표를 설정할 때 신중하지 않았다. 결국, 그는 악어가죽 신발의 개념을 확실히 몰랐기 때문에 헛고생만 한 것이다.

자신의 무지에서 벗어나라. 지혜의 전당에 가서 공부하고 인생의 시야를 넓혀라. 국제적인 감각을 기르고 정보의 바다에서 필요한 지식과 세계관을 익혀, 자신의 노력이 헛되지 않게 하라.

185

조각과 감사하는 마음

雕琢與感恩

  불당에 모시는 보살상만 전문으로 조각하는 조각가가 있었다. 그는 재질이 1등품인 돌을 찾기 위해 깊은 산으로 들어갔다. 천신만고 끝에 그는 정말 훌륭한 돌을 발견했다. 산에서 내려오는 길에, 2등품 돌도 같이 준비해서 집으로 가져왔다.

  3개월 안에 완성하기 위해서 조각가는 집에 도착하자마자 1등품의 돌을 조각하기 시작했다. 돌을 한번 치자 그는 손에 통증을 느꼈다. 두 번째 돌을 치자 견딜 수 없을 만큼 손이 아팠다. 세 번째 쳤을 때는 더 이상 일을 진행시킬 수 없을 정도로 아프고 고통스러웠다.

  조각가가 내리친 그 돌은 재질은 가장 우수했지만, 자신이 가장 단단하다는 우월한 조건을 이유로 감사하는 마음이 전혀 없이 쇠붙이를 튕겨대는 돌에 불과했다. 그리고 돌은 훗날 자신이 모습이 어떻게 변하는지 알 수 없었기 때문에 순간의 고통을 이길 수도 없었다. 그래서 조각품이 되는 것을 거부했다. 조각가는 재질이 1등품인 그 돌의 조각을 포기하고 멀리 치워버렸다.

  그때 조각가는 2등품의 돌이 생각났고, 할 수 없이 그 돌로 조각을 만들어야겠다고 마음먹었다. 2등품의 돌 역시 아픔을 느꼈지만, 그 돌은 훗날 자신이 법당에 모셔져 수많은 사람들에게 예불의 기회를 제공한다는 것을 알고 있었다. 그래서 감사의 마음도 생겼고, 그 고통을 이겨나갈 용기도 생겼다. 조각가는 2등품의 돌로 매우 훌륭한 보살상을 만들어 불당에 모셨고, 수많은 사람들이 그 조각상 앞에서 기도를 드릴 수 있게 됐다.

불당에는 매일 많은 선남선녀들이 찾아 들었다. 그들은 법당 안의 보살상 앞에서 절을 하며 예불을 드렸다. 불당 안에는 초와 향의 불길이 끊일 날이 없었다. 몇 년 후 법당 앞에 놓여져 있는 부서진 돌무더기가 법당 안의 보살상에게 말했다.

"보살, 몇 년 전 저는 조각가가 보살상을 만들려고 힘들게 찾은 1등품의 돌입니다. 하지만 저는 조각가가 내리치는 그 고통을 견디지 못했고, 전혀 감사할 줄도 몰랐습니다. 결국 지금 우리 둘의 운명은 완전히 달라졌습니다. 당신은 수많은 사람들의 예불 대상이 되었고, 저는 그들 발밑에 밟혀 부서져가는 돌이 되었습니다. 고양이, 강아지, 어린아이들이 내게 와서 오줌을 누는 지금, 재질이 아무리 뛰어난들 무슨 소용이 있겠습니까?"

자신의 조건이 좋다고 해서 지나치게 교만하거나, 사치스럽고

안일하게 지내서는 안 된다. 감사의 마음을 잊은 채 괴로움을 참고 견디지 못하고 자신을 단련시키지 않는다면, 성공의 기회를 잃고, 성공을 이루지 못한 채 생을 마감하게 된다.

　사람은 자신의 재능을 귀하게 여겨야 하고, 항상 감사하게 생각해야 한다. 감사하는 마음이 있을 때만 그 재능은 끝까지 당신과 함께 간다. 마음속에 감사함이 있고 겸손하게 자신이 다듬어지는 것을 받아들이며, 고통에 대한 두려움을 없애면 자연히 세상에서 두각을 나타내게 된다. 사람들은 그런 당신을 존경할 것이다.

189

천사와 악마에 대한 단상

天使與魔鬼

미켈란젤로는 위대한 예술가다. 그의 그림과 조각은 전 세계로 전해졌으며, 수많은 사람들에게 감동을 주었다.

한번은 미켈란젤로가 시스틴 예배당 제단 위에 벽화 '최후의 심판'을 그리기 위해 천사와 악마의 두 모델을 찾고 있었다.

천사에 해당하는 모델은 쉽게 찾을 수 있었다. 활발하고 귀엽고 천진해 보이는 소녀를 천사의 모델로 삼았다. 천사의 그림은 매우 신속히 완성할 수 있었고, 그림 속의 천사는 귀엽고 활발하며 생동감 있었다.

이어서 악마의 모델을 찾기 위해 그는 대단히 고심했다. 악마의 형상은 천사와 강렬하게 대비되어야 했다. 용모가 추악하고, 사악하며, 흉악하고 거칠며 공포감을 한 몸에 나타낼 수 있는 모델을 찾아야만 했다. 이런 무서운 얼굴은 찾기가 매우 어려웠다. 미켈란젤로가 사방을 찾아다녔지만, 결국은 40년이 지나서야 겨우 찾을 수 있었다.

하루는 나이가 든 미켈란젤로가 굽은 등으로 길을 지나갈 때 한 거지 앞을 지나가게 되었다. 거지는 그의 바지 자락을 붙잡고,

돈을 구걸했다. 당시 기분이 별로 좋지 않았던 미켈란젤로는 거지의 그런 행동에 매우 화를 내며 발로 거지의 돈 통을 차버렸다. 이미 비굴함을 느끼고 있는 상태에서 또 다시 사람에게 무시를 당한 거지의 마음속으로 불길 같은 분노가 타올랐다. 그 거지는 원망과 사악이 가득 찬 눈으로 미켈란젤로를 쳐다봤다.

미켈란젤로는 거지의 사악한 표정을 보면서 쾌재를 불렀다.

'이것이야말로 내가 40년간 찾아다니던 악마의 모습이다!'

미켈란젤로는 그 거지에게 말했다.

"내가 평소 당신이 하루를 구걸해서 버는 돈의 3배를 주겠소. 단 한 가지 조건이 있는데, 내 그림의 모델이 되어 주시오."

그러자 거지는 그 자리에서 승낙했고, 미켈란젤로를 따라 화실로 갔다.

미켈란젤로가 미완성된 그림을 그리려고 할 때 거지는 그림 속의 천사를 보고는 매우 슬프게 울기 시작했다. 미켈란젤로는 그런 거지를 이해할 수 없었다.

"내가 당신에게 돈을 주지 않았소? 당신은 이제 거지노릇을 할 필요가 없어요. 그런데 왜 우는 거요?"

거지는 울먹이며 대답했다.

"선생님이 그렸던 천사는 바로 40년 전의 제 모습입니다."

192

40년 전, 생동감 있고 천진난만하며 귀여웠던 그 소녀가 40년 후 흉악한 귀신의 몰골을 한 악마가 되어버린 것이었다.

천사의 얼굴과 악마의 얼굴은 한 사람 얼굴 속에 모두 숨어 있는 것이다. 40년간 소녀는 학습을 통해 자신의 인격성숙을 연마하지 않았고, 게으른 천성에 운명까지 불우하게 겹쳐 얼굴이 조금씩 증오스러운 얼굴로 변해간 것이다.

사람에게 학습은 정말 중요한 것이다. 학습을 통해서만 생각이 바뀌고, 생각이 바뀌어야만 사람이 바뀔 수 있다.

우리는 누군가에게 천사의 얼굴로 다가갈 수 있고, 증오스러운 모습으로 다가갈 수도 있다. 이 차이는 학습의 유무에 따라 달라지는 것임을 잊지 말자.

珍惜才會惜有,感恩才會天長地久.
귀하게 여길 때만이 얻을 수 있고,
감사하는 마음이 있어야만 유지할 수 있다.

신기록을 향해 도전하라

永遠的高難度挑戰

올림픽 대회에 나가 세계기록을 돌파하는 것은 모든 운동선수들의 꿈이다.

예전에 한 인체 전문가가 인류의 신체는 한계가 있기 때문에 4분 안에 1마일의 거리를 뛸 수는 없다고 발표한 적이 있다.

하지만 한 사람만은 이 전문가의 말을 믿지 않았다. 그는 매일 다른 사람이 하기 힘든 고난도의 연습을 꾸준히 한다면, 4분 안에 1마일을 뛸 수 있을 것이라고 굳게 믿었다. 그래서 그는 매일 힘든 연습을 이겨냈고, 결국은 4분 안에 1마일을 뛴 세계 최초의 인물이 되었다. 그의 이름은 로저 배니스터. 그가 처음 '마의 4분'의 세계 기록을 깬 후, 지금까지 92명의 선수가 이 기록을 깼다.

이것으로 우리는 신념만 확고하다면 그리고 자신이 반드시 이루어낸다고 믿는다면, 잠재능력을 깨워 상상 이상의 능력을 발휘할 수 있다는 사실을 증명했다. 그 위에 부단한 노력을 곁들여 신기록에 도전한다면, 마지막에는 체력의 한계마저 뛰어넘을 수 있다. 신념은 불가능한 것을 가능하게 하고, 세계 기록도 뒤집을 수 있다.

가장 중요한 것은 당신에게 이런 용기와 자신감 그리고 단호한 결심이 있느냐는 것이다. 가슴 속에 훌륭한 자세들이 가득 찼을 때, 비로소 성공을 이룰 수 있다. 자신감과 노력을 아끼지 않는다면 많은 사람들에게 새로운 희망을 안겨줄 수 있으며, 세계 기록도 충분히 깰 수 있다.

세계문명이 진보를 그치지 않고 하루가 다르게 변하는 것의 원동력은 인류가 늘 새로움에 도전하는 용기와 자신감을 가지고 있기 때문이다.

瀛家永不放棄, 放棄永不成瀛家
성공하는 사람은 포기하지 않는다!
포기하는 순간 성공의 기회는 떠나버리기 때문이다.

에필로그

성공이란……

당신의 성장환경은 중요하지 않습니다.
중요한 것은 당신의 생각과 관점입니다.
케네디 대통령은 이렇게 말했습니다.
"생명에는 사망이 있고, 국가에는 흥망이 있지만, 강한 신념은 영원히 보존된다."
특히 강한 신념은 무한한 가능성을 이뤄낼 수 있습니다.

'지혜로운 자는 원인을 알려고 하고, 어리석은 자는 결과를 알려고 한다.'
지혜로운 사람은 성공한 사람들의 성공 과정을 배우려고 하고, 어리석은 사람은 성공한 사람들의 모습, 즉 성과물을 단지 부러워만 합니다.
'뭐든지 할 수 있다'라고 생각하는 그 순간 당신은 지혜로운 사람이 되는 것입니다.
그것은 곧 미래의 성공을 보장받는다는 것을 의미합니다.
성공한 사람들은 성공 과정에서의 경험을 기억하려 하고, 고통은 잊어버리려 합니다. 그래서 많은 어려움을 극복하고, 정상에 서서 자신의 꿈을 현실로 실현합니다.
실패한 사람들은 경험은 잊어버린 채, 고통만 기억합니다. 이런 사고로는 각종 어려움에서 영원히 벗어나지 못하고, 자신의 꿈과 이상을 실현할 수 없습니다.

만약 다른 사람이 견디지 못하는 고통을 견딜 수 있다면, 다른 사람이 참지 못하는 화를 참을 수 있다면, 다른 사람이 하기 싫어하는 일을 할 수 있다면, 앞으로 당신은 다른 사람들이 누리지 못하는 성공을 누릴 수 있습니다.

정상을 향해 끊임없이 질주하는
홀리첸

197

홀리첸의 학습으로 나누고 싶은 富

1판 1쇄 찍음 / 2003년 11월 15일
1판 8쇄 펴냄 / 2016년 1월 12일

지은이 / 홀리첸 · 장세민 공저
펴낸이 / 배동선
마케팅부 / 최진균
총무부 / 이다혜
펴낸곳 / 아름다운사회

출판등록일자 / 2008년 1월 15일
등록번호 / 제2008-1738호

주소 / 강동구 성내동 419-28 아트빌딩 2층 (우: 05403)
대표전화 / (02)479-0023
팩스 / (02)479-0537
E-mail / assabooks@naver.com

ISBN : 89-5793-015-9 03320

9,000원

* 잘못된 책은 교환해 드립니다.